zum Beispiel: Paul Klee

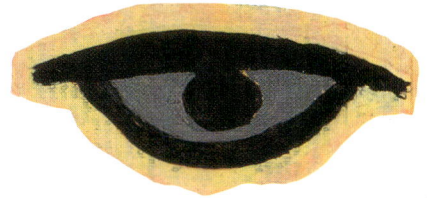

Katharina Bütikofer · Stefan Frey · Katharina Nyffenegger

zum Beispiel: Paul Klee

Wir entdecken Kunst

Der Verlag bedankt sich bei den folgenden
Institutionen für die großzügige Unterstützung:
– Gfeller-Fonds, Bern
– Lotterie-Fonds, Bern
– Migros-Genossenschafts-Bund
– Kulturstiftung Pro Helvetia

Wichtige Fachbegriffe zur bildenden Kunst, die nur
in einem Kapitel vorkommen, sind in den Rand-
spalten erklärt. Fachbegriffe, die in mehreren Kapiteln vorkommen, sind im «Lexikon wichtiger Fachbegriffe» ab Seite 115 erklärt.

Die Angaben zu den Gemälden, farbigen Blättern
und Zeichnungen von Paul Klee sind internationaler
Norm gemäß folgendermaßen aufgebaut:
Titel (Entstehungsjahr), Technik, Bildträger,
Höhe x Breite des Bildes in Zentimeter.

Den Bildnachweisen auf Seite 120 sind die Stand-
orte der Gemälde, farbigen Blätter und Zeichnungen
von Paul Klee beigegeben.

Vordere Umschlagseite:
Vorhaben
(1938), Kleisterfarben
auf Zeitungspapier,
auf Jute geklebt,
mit originalem Rahmen;
75 x 112 cm.

Katharina Bütikofer / Stefan Frey /
Katharina Nyffenegger

zum Beispiel: Paul Klee

2. Auflage 1993

Copyright © für die Werke von Paul Klee:
VG Bild-Kunst, Bonn
Copyright © 1992 Aare Verlag / Sauerländer AG,
Aarau / Switzerland

Printed in Germany

ISBN 3-7260-0391-6
Bestellnummer 02 00391

Die Deutsche Bibliothek – CIP-Einheitsaufnahme
Bütikofer, Katharina:
Zum Beispiel: Paul Klee : wir entdecken Kunst.
– 2. Aufl. – Aarau : Aare, 1993
ISBN 3-7260-0391-6
NE: Frey, Stefan :; Nyffenegger, Katharina:

Inhaltsverzeichnis

Ein Bild, viele Meinungen

Ad Parnassum (1932),
Öl- und Kaseinfarben auf Leinwand, mit originalem Rahmen;
109 x 123 cm

Das Bild des Malers Paul Klee auf der vorhergehenden Seite trägt den Titel *Ad Parnassum*. Paul Klee hat es 1932, also acht Jahre vor seinem Tod, als 53jähriger gemalt. Parnaß heißt ein Berg im östlichen Zentralgriechenland. Für die Menschen im Antiken Griechenland war dieser Berg der Sitz der Musen, der Göttinnen der Künste und des geistigen Lebens.

Wie wirkt das Bild *Ad Parnassum* von Paul Klee auf Menschen von heute? Zwei deutschsprachige Schülerinnen und eine chinesische Studentin, ein Museumsdirektor und eine Person des Aufsichtsdienstes, ein nepalesischer Student und ein Hochschulprofessor schildern hier ihre Eindrücke vor dem Bild. Unterscheiden sich ihre Ansichten überhaupt voneinander? Es ist spannend, die sieben Eindrücke untereinander und mit der eigenen Meinung zu vergleichen.

*Hans Kläy,
vor dem Ruhestand Bäcker-
Konditor-Meister, heute
im Aufsichtsdienst des
Kunstmuseums Bern tätig.*

In meinem Beruf liebte ich besonders die Dekor-Arbeiten. Das sind kleine Kunstwerke von Festtags- bis zu Hochzeitstorten, eine Kunst also, die eßbar ist und somit rasch verschwindet.

Nach meiner Geschäftsaufgabe kam ich ins Kunstmuseum Bern als Aufseher. Diese andere Kunst interessierte mich auch schon früher. So besuchte ich immer die Ausstellungen der Schweizer Maler Albert Anker und Ferdinand Hodler. Oder die meiner Lieblingsmaler, der Impressionisten. Das ist eine Stilrichtung in der französischen Malerei in der zweiten Hälfte des 19. Jahrhunderts. Paul Klee war hier im Kunstmuseum neu für mich. Ich fand aber schnell heraus, daß seine Bilder und Titel gute Denkaufgaben sind.

Nun stehe ich vor dem Bild *Ad Parnassum*. Der erste Eindruck ist: viel Kleinarbeit. Ist Klee vielleicht ein moderner Kleinmeister? Dann sehe ich auf diesem Bild einen großen Berg, der aber nicht aus Felsen besteht. Nein, dieser Berg besteht aus vielen kleinen Steinchen. Ich probiere den Titel zu übersetzen. *Ad Parnassum,* vielleicht «Zum Berg der Kunst»? Daraus schließe ich; wenn ein Künstler hohe Ziele hat, wird ein hoher Berg vor ihm sein. Um auf diesen Berg zu gelangen, braucht es viel Fleiß und auch viel Kleinarbeit. Die kleinen Mosaiksteinchen sind Zeugen dafür. Sie sind so aufgeschichtet, daß sie einander tragen und ergänzen. Je nach Beleuchtung ergeben sich daraus verschiedene Bilder. Der rote Kreis rechts oben kann die Sonne, der Mond oder auch der Künstler selber sein. Die Himmelskörper geben Licht und Glanz auf die vielen Farbteilchen. Für den Künstler selbst ist es ein mühsamer Aufstieg mit Widerständen. Der Einstieg zu diesem Berg der Kunst ist mit einem großen Tor oder Eingang leicht zu finden. Aber nach oben gibt es Widerstände oder sogar Rückschläge, es sind die Dreieckskeile, die dies andeuten. Aber einmal oben, werden die Farben heller leuchten.

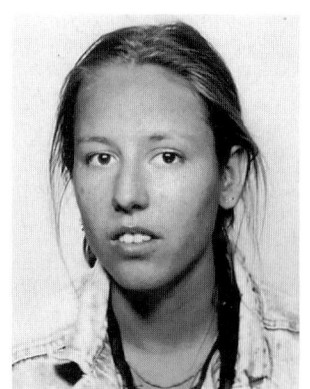

*Claudia Eidenbenz,
Seminaristin (23jährig).*

Das Bild macht auf mich den Eindruck einer Fata Morgana. Nur die Linien des Berges sieht man klar. Von der Landschaft kann man nur die kalten Farben erkennen. Die Sonne brennt. Wie Klee mit den kurzen, weißen Pinselstrichen den Eindruck flimmernder Luft vermittelt, hat mich sehr beeindruckt.

Trotz der kalten Farben, die dominieren, weckt das Bild in mir das Gefühl von Hitze.

Aus der blauen Bildmitte steigt ein lichtes Dreieck empor. Zwei schwarz ausgezogene Schenkel treffen am obern Rand in stumpfem Winkel aufeinander. Im vielfarbigen Blau schwebt unter einem roten Keil ein oranger Kreis. An der Basis stößt ein hell umrahmter scharfer Winkel nach rechts und zieht die helle Fläche mit. Eine schwarze Linie umzieht ein blaues Tor und setzt sich schräg hinauf fort als Grenze zwischen heller und dunkler Fläche.

Zwischen die senkrechten Flächen Tor und Berg legt sich ein Raum. Die helle Fläche wandelt sich zur Ebene von Licht und Wärme. Die Ebene zieht die kühle blaue Zone unten in die Waagrechte mit. Das blaue Tor kommt nach vorn und wird zum Einlaß, der Berg rückt in die Ferne und wird zum Ziel. Hinter dem Tor wartet eine helle rötliche Wüste. Sie ist zu durchqueren bis zum schattigen blauen Fuß des Berges. In der Schattenzone beginnt der Aufstieg zum Licht.

Weg- und menschenlos, in ferner Helle, erscheint der Parnaß. Zu Zeiten der Götter war er der mythische Berg Apolls, des Gottes des Lichts und der Dichter. Paul Klee machte ihn zum mythischen Berg des Malers. Sein Parnaß besteht nicht aus eingetrichterten Wörtern, die den Lateinschülern als Stufe zum Dichten versprochen wurden: «gradus ad parnassum». Er ist gebaut aus unzähligen Farbsteinen. Vor vielfarbigem dunklem Grund leuchten sie unten in schattigem Blau und wandeln sich über Grün, Violett und Rot zu schimmerndem hellem Rosa. Der Parnaß des Malers baut sich aus Licht- und Farbquadern zur Pyramide. Klees Parnaß faßt vieles in eines: das nahöstliche Bauwerk in Ägypten, die Erinnerung an den verschneiten Niesen (ein Berg am Schweizer Thunersee) und die übermächtige Darstellung der «Montagne Ste. Victoire» des heiligen Berges, durch den Maler Paul Cézanne.

Die Spitze von Klees Pyramide leuchtet heller als die orangene Sonne. Statt ihrer glühenden Wärme und eintönigen Intensität zeigt der gebaute Berg das kühle Flimmern der Farben in Schatten und Licht. Die Farbsteine besetzen das ganze Bild. An ihnen schlägt Räumliches wieder in Fläche um. Die vielfarbigen Blau, Rot und Gelb auf den dunklen Gründen umgreifen Nähe und Ferne, Wärme und Kälte. Die schwarzen Linien, die Zeichen für das Tor und den Berg, stehen wieder übereinander und sind bereit, erneut Einlaß in den Raum des Traumlands zu gewähren und dem Weg das ferne Ziel anzuzeigen.

Oskar Bätschmann,
Professor
für Neuere Kunstgeschichte
an der Universität Bern.

Zuerst habe ich das Gefühl, daß hier Ägypten ist. Der Berg ist eine Pyramide. Dann habe ich den Namen des Bildes «Zum Himmelsberg» gehört. Mein Gefühl ist plötzlich verändert. Das Bild hat eine griechische Stimmung, wie die Tempel in Athen. Man muß zuerst durch die Tür vorne gehen und den Fluß überqueren, bevor man zum Himmelsberg hinaufsteigen kann. Die Tür ist klein. Es ist nicht so einfach, zum Himmelsberg zu gelangen. Die Farben gefallen mir, sie sind sehr harmonisch. Das Bild ist farbig, aber das viele Blau wirkt ein bißchen traurig. Vielleicht ist es ein Bild vom alten Paul Klee? Er hat den Wunsch, den Himmelsberg hinaufzusteigen, aber er ist nicht sehr sicher, ob er es schafft. Der Gipfel ist sehr hell. Paul Klee hat viele schöne Gedanken über den Himmel – ein wunderbarer Ort. Der Fluß ist der Lebensfluß, er ist auch sehr hell. Die Sonne ist immer da in den letzten Phasen von Paul Klee – ein ständiger Wunsch für die Ewigkeit?

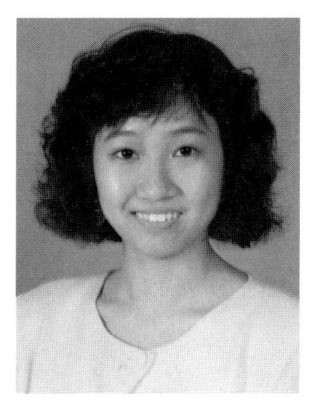

Jane Hung,
Studentin aus Hongkong.

*Valentine von Fellenberg,
Schülerin (15jährig).*

Mein erster Gedanke: Das könnte ein Haus aus «Tausendundeiner Nacht» sein. Auch an den heiligen Berg erinnert mich dieses geheimnisvolle Gemälde. Die lebendige Sonne zieht durch ihr Leuchten blitzartig mein Interesse am mosaikähnlichen Bild an. Es gefällt mir, wie es dem Künstler gelungen ist, das Helle des Tages in das Dunkel der Nacht übergehen zu lassen. Die gezielten Linien in seinem Bild bringen eine gewisse Standfestigkeit und ein Selbstbewußtsein zum Ausdruck. Ich kann gut erkennen, daß der Maler viel Zeit, viele Gedanken, viel Arbeit und viel Mühe in diesem Bild hinterlassen hat.

Eine Harmonie der Farben: etwas, was nicht sehr leicht zu beschreiben ist. Ich kann nur sagen: Ich finde es einfach wunderschön. Ein Meeresgrund, Edelsteine; eine Harmonie von Farbe, Materie und Licht. Eine Farben- und Formenpracht, die mir nicht gefallen würde, wenn sie nicht so wäre, obwohl sie ins Selbstverständliche übergehen könnte. Die Ruhe, die Stille, kein Lebenszeichen, das Stillstehen der Zeit; ich entspanne mich und schaue in die Zukunft.

*Bishnu Hari Nepal,
Student aus Katmandu
(Nepal).*

Das Bild heißt «Zum Götterberg», doch es beschreibt nicht den Weg auf den Berg. Die Türe ist offen, aber man sieht nicht, wie man hindurchgehen kann. Ich sehe es eher als Gebäude, weniger als Berg. Man kann eine Wand mit einer Türe sehen. Die Sonne nimmt man wahr, als wäre sie von Wolken verdeckt. Über der Sonne befinden sich ebenfalls Wolken, und das Licht strömt in verschiedenen Richtungen. Die kleinen Farbflächen stellen Elemente des Kosmos dar. Es scheinen mir kosmische Farben zu sein. Im Bild gibt es kein Leben, aber es zeigt, wie das Leben gebaut ist.

*Hans Christoph von Tavel,
Direktor
des Kunstmuseums Bern.*

Ad Parnassum erlebe ich als Landschaft: Niesen, Sonne, Thunersee. In den gleichen Formen erkenne ich Architektur: eine Pyramide mit geheimnisvollem unterirdischem Eingang. Die Malerei versetzt mich in heilige Räume mit leuchtenden Mosaiken. Lese ich das Bild von links nach rechts, erklingt in den Zeichen für «Decrescendo» (leiser werden) und «Crescendo» (lauter werden) Musik: die Sonne wird zur Fermate (Ruhepunkt, Pause in der Musik); zum Höhepunkt und Abschluß eines Liedes.

Mit Paul Klee im Zoo

«Dann fuhr ich zum Zoo, das war nun ganz herrlich!
Das kann man nicht beschreiben, wie schön das alles ist…»

Paul Klee in einem Brief aus Kairo an seine Frau Lily, 1928.

*Im ersten Vogelkäfig sitzt
ein Tukan auf einem Ast.
Er wird auch Pfefferfresser
genannt. Aufmerksam
verfolgt er das Geschehen
außerhalb seines Käfigs.
Dieser Urwaldvogel mit
dem mächtigen Schnabel,
dem bunten Gefieder und
den Zangenfüßen ist mit
dem heimischen Specht
verwandt.*

*Tukan (Pfefferfresser)
(1895),
Federzeichnung mit Tusche,
mit Aquarellfarben
koloriert, auf Papier;
15,5 x 12,5 cm*

11

Ein Spaziergang durch den Zoo

Vogel Pep (1925),
Öl- und Aquarellfarben
auf Papier,
auf Karton geklebt;
30 x 37,3 cm

*Landschaft mit gelben
Vögeln* (1923),
Aquarellfarben auf Papier,
auf Karton geklebt;
35,5 x 44 cm

Neben dem Tukan lebt der *Vogel Pep. Er stelzt mit
hocherhobenem Kopf durch eine Steppenland-
schaft. Seinem stechenden Blick entgeht keine Re-
gung. Der karge Boden schimmert rötlich in der
sengenden Sonne. Vereinzelt wachsen zwischen
den Felsen kleine Sträucher und Blumen.*

*Im nächsten Vogelkäfig nistet ein Vogelschwarm.
Seltsame Pflanzen wuchern hier durcheinander.
Sind es Bäume oder Blumen? Der eine Vogel oben
in der Mitte steht, ohne zu fliegen, in der Luft;
ein anderer rechts von ihm steht kopfüber auf
einer Wolke. Alle Tiere und Pflanzen verharren
regungslos. Der Vollmond leuchtet und taucht die*
Landschaft mit gelben Vögeln *in eine zauberhafte
Stimmung.*

Wie angewurzelt steht ein kranichartiger Vogel am Forellenbach. *Er beobachtet gespannt zwei Fische im Wasser, die sich quer zur Strömung stellen. Sie scheinen sich nicht weiter flußabwärts treiben lassen zu wollen. Ob sie wohl eine drohende Gefahr erkannt haben?*

Im Bach lebt auch der Wasser-Vogel. *Farnartige Pflanzen sprießen aus dem Wasser, und ein kleiner Baum säumt das Ufer. Soeben erhebt sich der Vogel aus dem Wasser in die Luft. Die wirbelnden Schwanzfedern scheinen ihm Auftrieb zu geben.*

Am Forellenbach (1924),
Federzeichnung mit Tusche,
mit Aquarellfarben koloriert,
auf Papier,
auf Karton geklebt;
30 x 22,5 cm

Wasser-Vogel (1938),
Aquarellfarbe auf Papier,
auf Karton geklebt;
19,7 x 28 cm

Fisch-Leute (1927),
Öl- und Temperafarben,
zum Teil unter Verwendung
von Schablonen gespritzt,
aufgetragen auf
gipsgrundierter Leinwand,
auf Karton geklebt,
mit originalem Rahmen;
35,5 x 58 cm

Im Vivarium ist es ziemlich dunkel. Nur die Aquarien sind beleuchtet. Ein durchsichtiger Fisch gleitet im trüben Wasser rückwärts der Glasscheibe des Aquariums entlang; die Luftblasen markieren seinen Weg. Drei Leute schauen seinem Treiben gespannt zu. Ihre Gesichter nimmt der Fisch durch die Glasscheibe etwas verschwommen wahr. Für ihn sehen die drei außerhalb des Aquariums aus wie Fisch-Leute, denn sie tragen fischähnliche Züge.

Reglos liegt der Meerschnecken-König *auf einer Sandbank. Er schimmert in wunderbaren Farben. Sein Gehäuse ist faszinierend gebaut: die einfachen und klaren Umrißlinien stehen im Kontrast zu der wulstartig gewölbten Oberfläche, die aussieht wie verkrustete Lava.*

Meerschnecken-König
(1933),
Wasser- und Ölfarben
auf gipsgrundiertem
Baumwollstoff,
auf Sperrholz geklebt,
mit originalem Rahmen;
34,3 x 48,5 cm

Wie verschieden die Pflanzenwelt unter Wasser von der an Land sein kann. Pilzförmige Wasserpflanzen wachsen der Wasseroberfläche entgegen, und vielfarbige Pflanzenschleier hängen von oben herab. Sie füllen zusammen fast das ganze Aquarium aus. Unübersehbar sticht der kleine Fisch in Rot aus dem Pflanzendickicht dieses *Unterwasser-Gartens heraus.*

Was spielt sich im nächsten Aquarium ab? Bunte Fische schwimmen an der Glasscheibe vorbei. Blumen mit großen Blütenköpfen schweben im Wasser. Zwei Tischchen stehen auf dem Grund des Aquariums; aus dem einen sprießt ein Blumenstrauß. In der Mitte hängt in einem Fischernetz eine Uhr. Aus dem dunklen Hintergrund leuchtet die Sonne auf. Hängt links oben nicht ein Stück Vorhang im Wasser? Und was macht die Figur mit dem spitzen Hut und die Gestalt mit dem doppelten Gesicht? Sie führen wohl einen *Fischzauber* auf.

Unterwasser-Garten (1939),
Ölfarben auf Leinwand;
100 x 80 cm

Fischzauber (1925),
Öl- und Aquarellfarben
auf Baumwollstoff,
mit originalem Rahmen;
77 x 89 cm

15

Tierpflegerin (1928),
Federzeichnung mit Tusche,
mit Aquarellfarbe koloriert,
auf Papier,
auf Karton geklebt;
33,1 x 38,4 cm

Die Tiere im Zoo werden von Menschen betreut. Im Gehege der Wildschweine hat die Tierpflegerin ein Ferkel in die Arme genommen. Die Muttersau beobachtet die Szene aufmerksam aus nächster Nähe.

Schlangenbeute (1926),
Federzeichnung mit Tusche
auf Papier,
auf Karton geklebt;
24 x 32 cm

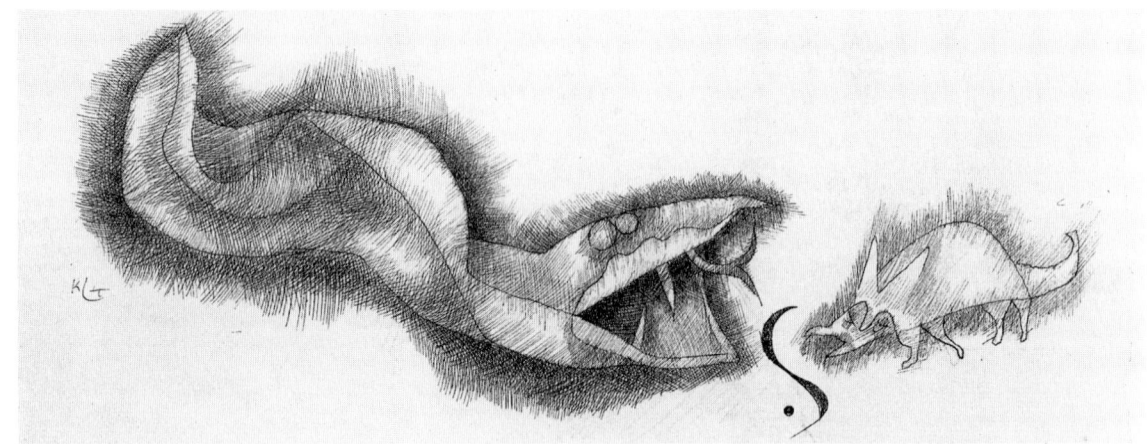

Eine Tierfütterung ist ein besonderes Ereignis. Mit weit aufgerissenem Rachen nähert sich eine Schlange ihrer Beute. Sie hat mit der gespaltenen Zunge zwischen den Giftzähnen die Witterung aufgenommen. Starr vor Schreck, vermag die Maus nicht mehr zu fliehen. Im nächsten Augenblick wird die Schlangenbeute mit Haut und Haaren verschlungen.

Und noch ein Kamuff
(1939),
Bleistiftzeichnung auf Papier,
auf Karton geklebt;
29,2 x 21 cm

Und noch ein Kamuff trampelt im Freigehege der Wüstenschiffe auf und ab. Es bringt die Zoobesucher mit seinen spaßigen Bewegungen und seinem dümmlichen Ausdruck zum Lachen. Eigentlich stammt der Begriff «Kamuff» oder «Kamuffel» vom italienischen «Camuffo» ab und bedeutet soviel wie Betrüger oder Halunke. In der berndeutschen Mundart hingegen, die Paul Klee von Kind auf vertraut war, ist «Kamuff» ein gutmütiges Schimpfwort für einen dummen, etwas beschränkten Menschen.

Mit dem braunen Δ (1915),
Aquarellfarben auf Papier,
auf Karton geklebt;
20 x 23 cm

Im gleichen Gehege schreitet das Dromedar mit
dem braunen Δ *majestätisch einher. Die Landschaft
um das Tier herum leuchtet noch in den Farben seiner Heimat Nordafrika. Der braune Höcker ist von
einem Stern gekrönt.*

Elefant (1926),
Federzeichnung mit Tusche
auf Papier,
auf Karton geklebt;
18,2 x 32,3 cm

Der Elefant *im nächsten Freigehege kommt wie das
Dromedar aus Afrika. Der indische Elefant hat kleinere Ohren. Von weitem sieht der* Elefant *gar nicht
so mächtig aus. Ist er womöglich noch nicht ganz
ausgewachsen?*

Ein Tier bald wieder heiter
(1940),
Fettkreidezeichnung
auf Papier,
auf Karton geklebt;
20,9 x 29,5 cm

Paul Klee war zeitlebens so stark von Tieren fasziniert, daß er sie immer wieder zeichnete und malte. Mit den Zeichnungen, farbigen Blättern und Gemälden ließe sich ein Zoo zusammenstellen. Die sechzehn Tierbilder geben einen kleinen Eindruck von der Tierwelt, die Paul Klee mit seinem Werk geschaffen hat.

Ausgang der Menagerie
(1926),
Federzeichnung
mit Tusche auf Papier,
auf Karton geklebt;
17,5 x 30,5 cm

Was bewegt sich im letzten Käfig? Hat einen langgestreckten Körper und kurze Beine wie ein Dackel. Der kahle Kopf mit dem schnabelförmigen Maul erinnert jedoch an eine Schildkröte. Und der Rückenkamm mit zwei Zacken deutet auf eine Echse hin. Welch eigenartige Mischung.
Wie soll das Tier heißen? Ein Tier bald·wieder heiter. *Manche Tiere verändern ihr Aussehen, wenn sie Schmerzen haben oder traurig sind.*

Der Höhepunkt des Zoobesuchs ist der Umzug der Zootiere. Ein Plakat weist darauf hin: Ausgang der Menagerie. *Es wäre verständlicher, wenn es hieße: «Ausgang der Tiere aus der Menagerie», denn das französische Lehnwort «Menagerie» bedeutet «Tiergehege in einem Zoo oder in einem Zirkus». Eine Riesenschlange führt den Zug der Tiere an. Ihr folgen zwei Kraniche, ein Rebhuhn und ein Schakal. In der Mitte reitet ein Kind auf einem Dromedar und weist mit Pfeil und Fahne den Weg. Den Schluß bilden ein Lama und ein Springbock. Oder ist es vielleicht eine Hirschkuh? Von weitem ist das nicht so genau zu unterscheiden.*

1926 R 3   Ausgang der Menagerie

18

Paul Klee und die Tiere

«Der Bimbo steigt eben auf den Brief und scheuert sich; da ich unten an der Seite bin, macht es nicht so viel.» Das schrieb Paul Klee in einem seiner letzten Briefe an seine Frau Lily.

Bimbo war sein geliebter Perserkater. Ihm erlaubte er fast alles; der Kater durfte sogar auf dem Schreibtisch spielen, während er schrieb. Paul Klee pflegte sich mit ihm in der «Bimbosprache» zu unterhalten. Das war eine Katzensprache, die der Kater verstand.

Bimbo war die letzte von vier Katzen, die Paul Klee in seinem Leben besaß. Wie sehr er sich mit Katzen beschäftigte, geht aus seinen Bildern hervor.

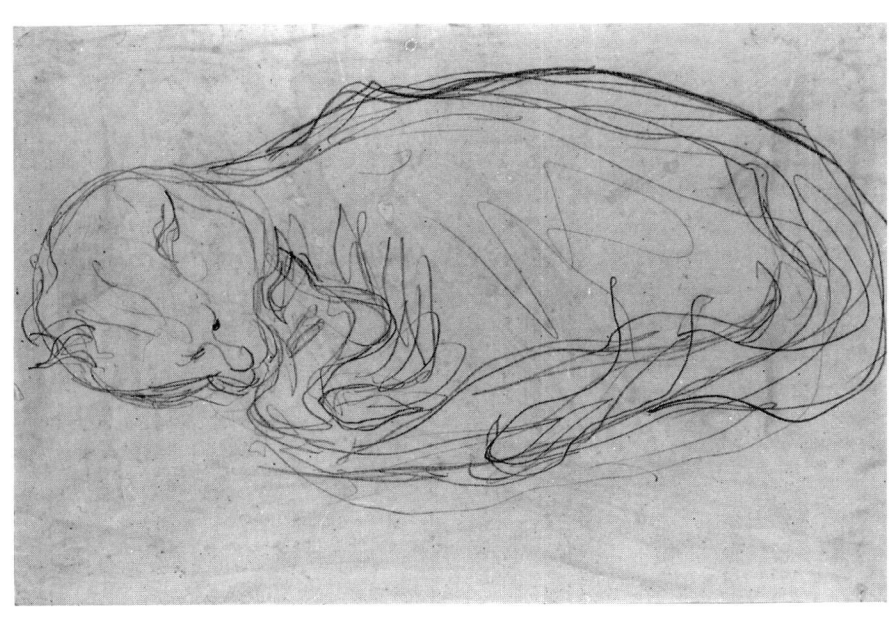

«Bimbo» (1933),
Bleistiftzeichnung auf Papier;
18 x 27 cm

Die Fotografie von Nuggi, die Paul Klee selbst aufnahm, und die Zeichnung *Monolog des Kätzchens* zeigen nicht die gleiche Katze. Zwischen dem Foto und der Zeichnung liegen 33 Jahre. Und doch will es scheinen, Paul Klee habe sich an Nuggi erinnert, als er die Zeichnung anfertigte; so ähnlich ist der Gesichtsausdruck. Nuggis Gestalt zu porträtieren kann aber nicht Paul Klees einzige oder wirkliche Absicht gewesen sein. Der Titel weist in eine andere Richtung. Dargestellt ist ein Kätzchen im Selbstgespräch. Paul Klee hat ihm den Monolog auf den Leib geschrieben: Er übersetzte die Tierlaute in ein Linienspiel aus Spirale und geschwungenen Strichen, die ineinandergreifen. Er zeichnete also ein Porträt von der inneren Bewegtheit des Kätzchens, wogegen er in der Fotografie die äußere Erscheinung von Nuggi festhielt.

Ähnlich verhält es sich mit dem *Tukan* und

«Nuggi, Paul Klees erste Katze», *Fotografie von Paul Klee aus dem Jahre 1905 (Ausschnitt).*

Monolog des Kätzchens (1938),
Bleistiftzeichnung auf Papier, auf Karton geklebt;
30 x 21 cm

dem *Tier bald wieder heiter.* Der *Tukan* könnte in einem Biologiebuch stehen, das die äußeren Merkmale dieses Tieres beschreibt, so genau hat Paul Klee die Gestalt des Urwaldvogels wiedergegeben. In der Zeichnung *Ein Tier bald wieder heiter* hingegen legte Paul Klee den Gemütszustand des Tieres offen. Er zeichnete das Tier in jenem Moment, wo die Heiterkeit eine tiefe Traurigkeit zu überwinden beginnt.

Paul Klee interessierte sich sowohl für die äußere Gestalt der Tiere als auch für ihre innere Bauweise. In manchen Bildern machte er diese innere Bauweise sogar sichtbar, zum Beispiel im Gemälde *Fisch-Leute.* Er stellte den Fisch dar, als hätte er ihn mit einem Röntgenblick durchleuchtet.

Aber nicht nur die Tiere, sondern auch die Pflanzen, ja die ganze Natur, faszinierten Paul Klee. Er fühlte sich als Künstler und als Mensch der Natur stark verbunden. Seine Schülerinnen und Schüler lehrte er: «Der Künstler ist Mensch, selber Natur und ein Stück Natur im Raume der Natur». In seinem Leben wie in seinem künstlerischen Tun beschäftigte er sich mit den immerwährenden Naturvorgängen: das Werden und Vergehen, der Kreislauf des Wassers, die physikalischen Gesetze von Kraft und Bewegung – um nur einige Beispiele von Naturvorgängen zu nennen –, sind Themen vieler seiner Bilder. Und das künstlerische Schaffen verglich er mit dem Leben eines Baumes: Aus dem Wurzelwerk steigen die Säfte über den Stamm auf zur Baumkrone und bringen diese zur Entfaltung. Ähnlich verfahre der Künstler, der anstelle des Stammes stehe. Er leite das Geschaute und das aus seinem tiefen Innern Kommende weiter in sein Werk.

Von der Schülerzeichnung zum Meisterwerk

«Osterhase» (1889), Farbstiftzeichnung, mit Aquarellfarben koloriert, auf Papier, aus einem Skizzenbuch; 20,2 x 16,9 cm

Paul Klee begann früh zu zeichnen, und schon als Kind hat er immer wieder Tiere dargestellt. Im Alter von zehn Jahren zeichnete er zum Beispiel den «Osterhasen». Der wirkt noch etwas unbeholfen. Der Körper des Hasen ähnelt dem eines Hundes und der Kopf gleicht dem einer Ziege. Die Blumen, das Ei und den Schmetterling hat der kleine Paul Klee vermutlich nach einer Vorlage gemalt. Eigentlich eine ganz gewöhnliche Kinderzeichnung. Einzig die Art, wie er den Hut und das Gesicht des Mannes sowie das Schmetterlingsnetz zeichnete, zeugen von seiner außergewöhnlichen Beobachtungsgabe.

«Osterhase», *eine Kinderzeichnung des zehnjährigen Paul Klee.*

«Fabeltier» (1897),
Federzeichnung mit Tusche
auf Papier,
auf Karton geklebt;
5 x 4,6 cm

Paul Klee kritzelte als Gymnasiast seine Hefte und Bücher mit allerlei Zeichnungen voll. Er war ein begabter, aber kein sehr fleißiger Schüler. Kommt hinzu, daß er sich in der Schule oft langweilte. Dann jeweils malte er sich in Gedanken eine Phantasiewelt aus, die er in seinen Schulheften und -büchern zu Papier brachte.

Besondere Mühe gab sich Paul Klee allerdings im Biologieunterricht. Dort konnte er seine zeichnerische Neigung ausleben. Mit wissenschaftlichem Interesse zeichnete er etwa Muscheln ab und beschriftete sie mit den lateinischen Namen. Er wollte ihre Formen genau wiedergeben. Mit sicherem Strich hielt er die Umrißlinien und den spiralförmigen Aufbau der Muscheln fest. Mit feinen Schraffuren arbeitete er die Rundungen und die Oberflächenbeschaffenheit der Hohlkörper heraus. Der junge Paul Klee hatte mit den Illustrationen in seinen Biologieheften keine Kunstwerke im Sinn. Er wollte nur möglichst detailtreue Abbildungen nach der Natur zeichnen. In der Schulzeit legte er sich so einen Formenschatz an, der ihm in seiner späteren künstlerischen Arbeit immer wieder zugute kam.

Als junger Künstler löste sich Paul Klee mehr und mehr von der streng naturalistischen Darstellung. Er suchte neue Ausdrucksformen, die er zu seinem unverwechselbaren Stil entwickelte. Eine wichtige Grundlage seines Schaffens war seine Beobachtungsgabe. Was Paul Klee irgendwo und irgendwann einmal gesehen hatte, speicherte er. Jahre oder gar Jahrzehnte später rief er es aus der Erinnerung wieder ab und setzte es künstlerisch um. Dabei ge-

«Muscheln» (1895),
Federzeichnung mit Tusche
auf Papier,
aus einem Schulheft;
21,4 x 17 cm

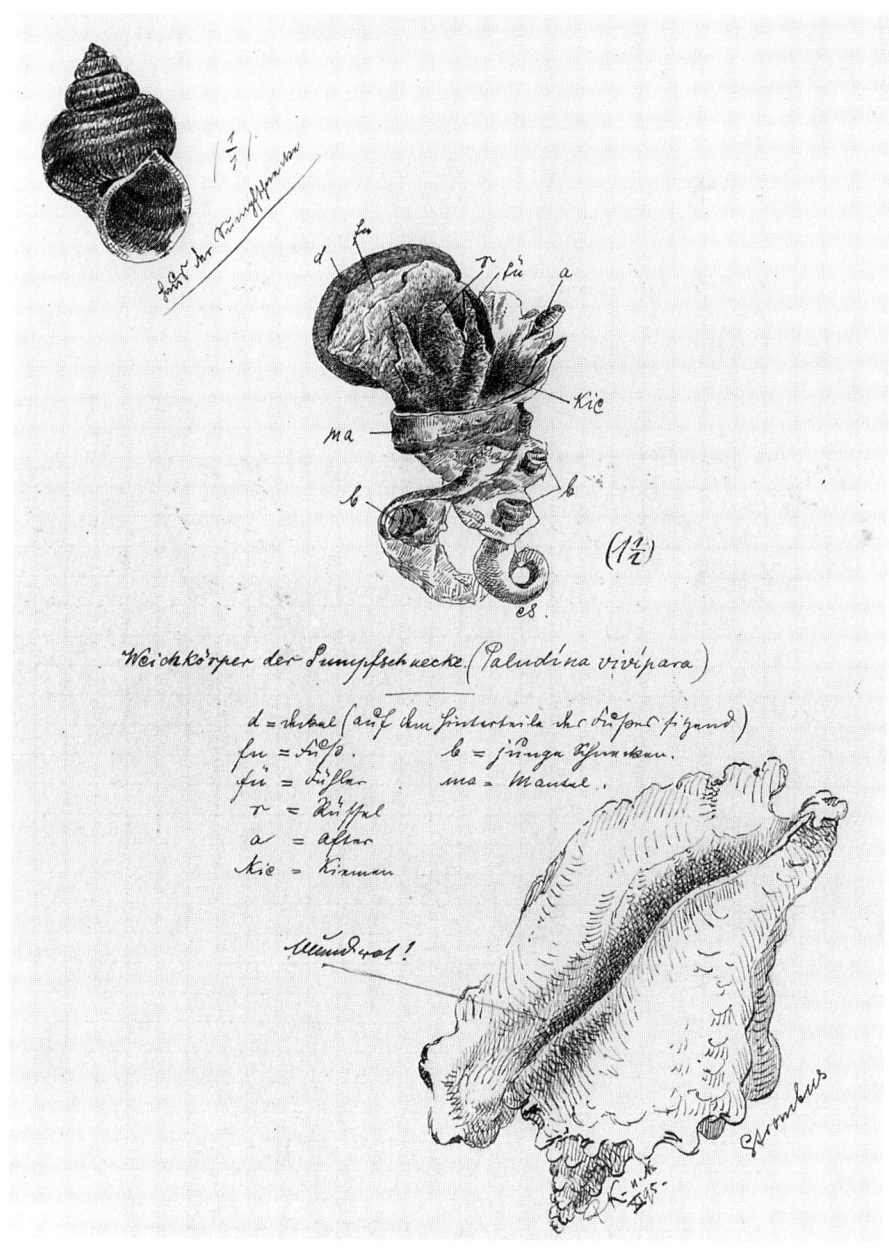

Schnecke (1924),
Bleistiftzeichnung auf Papier,
auf Karton geklebt;
11,7 x 22,7 cm

staltete er gleiche oder ähnliche Themen im Laufe der künstlerischen Arbeit sehr unterschiedlich.

Das Haus der Sumpfschnecke im Biologieheft von 1895 zum Beispiel griff Paul Klee 29 Jahre später wieder in der Zeichnung *Schnecke* auf. Das Tier ist hier noch gut als Schnecke erkennbar, obschon es der Künstler nicht naturgetreu wiedergab. Nur das Schneckenhaus mit der spiralförmig auslaufenden Spitze zeichnete Paul Klee ähnlich wie schon im Biologieheft. Die Windungen des Schneckenhauses dagegen formte er um zu einem feinen Linien-

geflecht. Mit den Schraffuren deutet er nur ganz vage einige Schatten und Rundungen an.

13 Jahre nach der *Schnecke* schuf Paul Klee die *Schneckenpost*. Hier faßte er Körper und Haus der Schnecke mit einem einzigen Pinselstrich zusammen. Klar arbeitete er den spiralförmigen Bau des Schneckenhauses heraus. Die Spirale ist die Urform aller Schneckenhäuser; sie ist ein Zeichen für das Wachstum. Paul Klee beschränkte sich in der *Schneckenpost* auf die wichtigen Merkmale einer Schnecke, das heißt, er konzentrierte sich ganz auf das Wesentliche und ließ alles andere weg. Er abstrahierte in diesem Bild von einer realen Schnecke, oder, anders ausgedrückt, er schuf eine Abstraktion einer realen Schnecke.

Paul Klee abstrahierte auch, als er den *Meerschnecken-König* malte. Zwar gleicht der *Meerschnecken-König* entfernt noch den Muscheln und Schnecken, die er im Biologieheft skizziert hat. Er bildete aber auch hier nicht mehr ein bestimmtes Meerestier ab, sondern schuf ein Tier nach seiner Phantasie. Den Schneckenkörper modellierte er mit kurzen, farbigen Pinselstrichen und verlieh ihm so jenes Flimmern, das zum Beispiel bei Meerestieren in Korallenriffen zu beobachten ist.

Schneckenpost (1937),
Kohlestiftzeichnung und
Ölfarbe auf Papier,
auf Karton geklebt;
17,9 x 27,9 cm

Klees Freude am Fabulieren und Erfinden spricht auch aus dem Bild *Vogel Pep*. Den Urwaldvogel *Tukan* hatte der 16jährige Schüler Paul Klee noch möglichst naturgetreu kopiert, wohl aus einem Buch. Für den *Vogel Pep* brauchte der 46jährige Künstler keine Vorlage mehr. Er gestaltete ein Phantasietier, das dennoch die Wesensmerkmale eines Vogels besitzt. Sie waren ihm von seiner Naturbeobachtung her vertraut. Mit Schraffuren hob Paul Klee alles Lebendige im Bild – den Vogel und die Pflanzen – gegenüber der toten Felslandschaft hervor. Er setzte die Schraffuren als ein Mittel ein, die Gegensätze im Bild zu verstärken.

Noch weiter als beim *Vogel Pep* entfernte sich Paul Klee in der *Landschaft mit gelben Vögeln* von der Realität. Er stellte die Vögel zwar noch in den typischen Umrissen dar. Sonst aber haben sie wenig mit einer bestimmten Vogelart in der Natur gemein. Die Distanz zur Realität betonte Paul Klee auch dadurch, daß er die Naturgesetze in diesem Bild aufhob: ein Vogel steht kopfüber auf einer Wolke, ein anderer steht regungslos in der Luft. Indem er sich von der naturalistischen Darstellung löste, schuf er sich unbegrenzte Möglichkeiten des künstlerischen Ausdrucks. Er war frei, Farben und

Formen so aufeinander abzustimmen, daß sie einzig seiner Vorstellung und Stimmung entsprachen. Das Bild *Landschaft mit gelben Vögeln* ist also kein Abbild eines Vogelparks in Weimar, wo Paul Klee damals wohnte, sondern zeigt eine Phantasielandschaft, die der Künstler sich ausdachte.

Am wenigsten mit einem Vogel in der Natur zu tun hat der *Wasser-Vogel*. Paul Klee deutete seine Gestalt und die Landschaft um ihn herum nur mit wenigen Pinselstrichen an. Trotzdem ist der *Wasser-Vogel* ein lebendiges Wesen, das in einer erkennbaren Umgebung lebt.

Die strenge Beschränkung auf das Wesentliche strebte Paul Klee gegen Ende seines Lebens immer stärker an. Er wollte seine Gedanken in einer möglichst konzentrierten Form sichtbar machen; in seinen Werken sollte kein Strich zuviel sein, es durfte aber auch keiner fehlen. Auf den ersten Blick muten seine Bilder vielleicht einfach an. Wer allerdings versuchen sollte, in der Art von Paul Klee zu malen und zu zeichnen, wird bald merken: es ist schwierig, einfach zu sein. Paul Klee jedenfalls hat sein ganzes Leben lang darauf hingearbeitet, eine Einfachheit im künstlerischen Ausdruck zu finden.

Verschlüsselte Bildaussagen

Die Bilder von Paul Klee sind selten leicht und vor allem nicht auf den ersten Blick zu deuten. Es gibt zwar Aussagen des Künstlers, die das eine oder andere Werk erhellen, so etwa in seinen Tagebüchern von 1898 bis 1918, in seinen Briefen an seine Familie von 1893 bis 1940 oder in seinen Notizen zum Bauhausunterricht (mehr dazu auf Seite 57). Doch auch diese Aussagen vermögen die verschiedenen Bedeutungs-

schichten und Geheimnisse eines Bildes nie zu entschlüsseln.

Ein Gemälde wie *Fischzauber* wird rätselhaft bleiben. Nur in einer Zauberwelt können Fische, Blumen, Menschen und Gestirne im gleichen Lebensraum zusammensein. Was hat da eine Uhr zwischen den Fischen zu suchen? Wollte Paul Klee damit ausdrücken, daß in der Zauberwelt die Zeit stillsteht? Oder daß sich der Künstler mit seiner Kunst über die Gesetze der Zeit hinwegsetzen kann?

In seiner Phantasie überschritt Paul Klee immer wieder die Grenzen zur realen Welt. Das erklärt vielleicht auch seine Vorliebe für die Darstellung von Fischen und Vögeln. Diese Tiere bewegen sich in Lebensräumen, die dem Menschen von Natur aus nicht für längere Zeit zugänglich sind. Gerade weil es schwer erreichbare Lebensräume sind, regten sie die Phantasie des Künstlers ungemein an. Der *Unterwasser-Garten* ist dafür ein gutes Zeugnis.

Paul Klee verwendete häufig bekannte grafische Zeichen, um einen Inhalt zu formulieren. So zum Beispiel die Pfeile im Bild *Am Forellenbach.* Damit zeigte er die Richtung der Strömung an. Oder bezeichnete er mit den Pfeilen etwa den Weg, den die beiden Forellen zurücklegen sollten? Auf keinen Fall sind die Bildzeichen von Paul Klee so leicht zu «lesen» wie die grafischen Zeichen auf Straßenschildern. Oft erfand Paul Klee Zeichen, die mehrdeutig sind oder deren Bedeutung er selbst vielleicht nicht einmal genau kannte. Selbst Kunsthistorikerinnen und Kunsthistoriker, die sich schon lange mit dem Werk von Paul Klee beschäftigen, stoßen im Erklären der Bilder an

---

Die Bildtitel von Paul Klee

Paul Klee maß den Bildtiteln eine große Wichtigkeit zu. Fast allen seinen Werken gab er einen Titel. Er begnügte sich aber nicht mit einer kurzen Beschreibung dessen, was er gezeichnet oder gemalt hatte; die Bildtitel sind in den meisten Fällen eine sprachliche Ergänzung zur bildlichen Darstellung. Sie sind oft witzig, tiefgründig, umschreibend, unverständlich und rätselhaft, wie ein kurzes Gedicht. In der Regel weisen sie der Bilddeutung einen möglichen Weg.

Paul Klee setzte den Bildtitel häufig erst, nachdem er ein Bild gezeichnet oder gemalt hatte. Er nannte dies die «Taufe» eines Werkes. Selten wählte er zuerst den Titel und machte dazu ein Bild.

Mit dem Zeichenlehrer Hans Friedrich Geist unterhielt sich Paul Klee einmal über seine Bildtitel, die er im Gespräch als «Unterschriften» bezeichnete: «Die Unterschriften weisen nur in eine von mir empfundene Richtung. Es bleibt Ihnen überlassen, sie anzunehmen, in meiner Richtung zu gehen, sie abzulehnen und eine eigene zu versuchen – oder einfach stehenzubleiben, nicht mitgehen können. Setzen Sie die Unterschrift nicht mit einem Vorhaben gleich.»

Grenzen. Paul Klee hat um die Grenzen des Erklärbaren gewußt, und er nahm sie an, denn er schrieb auf eines seiner letzten Bilder: «Sollte alles denn gewußt sein? Ach, ich glaube nein!»

Park bei Lu – eine Bildbetrachtung zum Mitmachen

Die Farben, die Pinsel und die eingefärbten Blätter liegen für die Bildbetrachtung vor dem Gemälde Park bei Lu *bereit.*

Ein Park ist nicht einfach ein Park

Es gibt Parks, die zu Drogenumschlagplätzen geworden sind. In anderen Parks führen Großmütter ihre Enkel aus. Reiche Menschen umgeben ihren Privatpark mit Mauern. Städte unterhalten öffentliche Parks mit ausgetretenen Hauptwegen und Schildchen «Rasen betreten verboten». Es gibt alte Parks mit exotischen Bäumen, von einem weitgereisten, begeisterten Botaniker vor langer Zeit angelegt. Gewisse Parks in Großstädten gelten als besonders gefährlich; durch diese geht man nachts mit Vorteil nicht alleine. Im romantischen Park treffen sich Liebespaare. Viele Parks sind beliebte Ausflugsziele, in denen Erinnerungsfotos geknipst werden. Spitäler und Erholungsheime sind manchmal von einem Park umgeben; kranke und müde Menschen ruhen sich darin aus. Beim Wort Park kommt einem auch der Tierpark, der Vergnügungspark, der Lunapark, der Europapark, der verzauberte Park, der vergessene, der verwilderte, der zerstörte Park in den Sinn und der Park im Frühling, im Sommer, im Herbst und im Winter.

Jeder Mensch trägt in sich Erinnerungsbilder an ganz bestimmte Parks. Künstlerinnen und Künstler lassen sich gerne vom Park anregen, schreiben Gedichte und Musikstücke über ihn oder stellen ihn in Gemälden, Zeichnungen und Fotografien dar.

Der Park Washington Square *in New York. Fotografie von André Kertész aus dem Jahre 1954.*

Seite 27:
Park bei Lu (1938),
Öl- und Kleisterfarben
auf Zeitungspapier,
auf Jute geklebt,
mit originalem Rahmen;
100 x 70 cm

Im englischen Garten bei München
Welche Fülle reicher Bäume
In des Wechsels buntem Spiel!
Wie im Reiche stiller Träume
Wölbt sich's schattend bis an's Ziel.
Labyrinthisch ziehen Gänge
Sich in jeder Richtung hin,
Nirgends Störung, nirgends Enge,
Überall ein freier Sinn.

Karl Gottlieb Theodor Winkler
(Auszug)

Paul Klees *Park bei Lu* – ein Park?

Paul Klee hat das Bild *Park bei Lu* 1938 gemalt. Er lebte zurückgezogen in Bern. Seit drei Jahren litt er unter einer schweren Krankheit, die ihn monatelang ans Bett fesselte. 1938 erholte er sich soweit, daß er Hoffnung auf eine gesundheitliche Besserung schöpfte. Er konzentrierte sich ganz auf das Zeichnen und Malen, denn die Arbeit an seinem Werk war ihm das wichtigste. Der drohende Zweite Weltkrieg, der 1939 ausbrechen sollte, isolierte ihn von seinen Malerkollegen und Freunden im Ausland. Unter diesen Bedingungen malte er *Park bei Lu*.

Auch wenn man beim ersten flüchtigen Hinsehen auf *Park bei Lu* den Eindruck von Ästen und labyrinthischen Wegen gewinnt, ist das Bild doch weit entfernt von einer naturgetreuen Abbildung eines Parks. Zwar nannte Paul Klee das Gemälde in seinem Œuvre-Katalog *Park bei Lu(zern)* (mehr zum Œuvre-Katalog im Kapitel «Die Geschichte eines Bildes»); vermutlich sah er beim Malen des Bildes einen Park vor sich, den er irgendwann in der Umgebung der Stadt Luzern gesehen hatte. Doch hinten auf den Keilrahmen des Gemäldes schrieb er nur *Park bei Lu*. In seiner Erinnerung hatte sich der reale Park bei Luzern zum *Park bei Lu* gewandelt. Den wohlklingenden Ort «Lu» gab es nur in der Vorstellung des Künstlers, und es gibt ihn auf seinem Bild, das man heute im Kunstmuseum Bern betrachten kann.

Der Park – ein wichtiges Thema für Paul Klee
In rund achtzig Titeln seiner Werke braucht Paul Klee das Wort «Park». Dieses von Menschenhand veränderte und gestaltete Stück Landschaft muß ihn fasziniert haben.
Einige Beispiele seiner Park-Titel:
Kleine Parklandschaft
Parkbaum Herbstklänge
Parkbild bei Regen
Exotischer Vogel-Park
Park mit dem kühlen Halbmond
Romantischer Park
Dämmerung in dem Park
Blumenanlage im Park von V
Park bei B
Ereignis in dem Park
Labyrinthischer Park
Ein Park abends spät
Ein Park und der Unbefugte
Teich in dem Park
Park N
Szene in dem Diana-Park
Quelle in dem Park
Häuser im Park (Novemberstimmung)
Drei Frauen in dem Park
Wasser-Park in dem Herbst
Tierpark
Schloss in dem Park
Park an dem See, ohne Häuser

Paul und Lily Klee in einem Park bei Wörlitz 1927.

Eine Schulklasse besucht den *Park bei Lu.*
Ein Bericht zum Mitmachen

Die Museumspädagogin empfängt im Kunstmuseum Bern die Schülerinnen und Schüler. Das Thema lautet: *Park bei Lu.* Sie erzählt: «Als Paul Klee unterrichtete, forderte er seine Studentinnen und Studenten auf, sie sollten seine eigenen Werke als Spielzeug nehmen, und sie sollten sie zerstören, um zu sehen, wie sie gemacht seien.»

«Was soll das? Ein Bild von Klee zerstören – ein Bild als Spielzeug?» fragt eine Schülerin.

Die Museumspädagogin antwortet: «Paul Klee meinte natürlich nicht, daß sie seine Werke wirklich zerstören sollten. Die Studentinnen und Studenten sollten sie nur in Gedanken auseinandernehmen, die einzelnen Teile genau betrachten und danach in Gedanken wieder zusammenfügen. Auf diese Weise, erklärte Paul Klee seinen Studentinnen und Studenten, würden sie das Kunstwerk besser verstehen lernen. Das Auseinandernehmen nannte er Analyse, das Zusammensetzen Synthese.»

Die Schülerinnen und Schüler beginnen die Analyse von *Park bei Lu* mit einer Übung. Die Museumspädagogin zeigt zwei Bilder: «Auf beiden Bildern seht ihr die gleiche Anordnung von Ästen. Bild zwei jedoch ist um 90° gedreht.»

Die Schülerinnen und Schüler bemerken: «Sie wirken ganz verschieden.» – «Mir fällt auf, wie wichtig die Lage einer Form ist.»– «Links sind die Zweige so angeordnet, wie sie wachsen. Die Senkrechte ist betont.» – «Rechts liegen die Zweige, die Waagrechte ist betont, und ich habe das Gefühl, ein junges Bäumchen wachse aus dem Boden. Mit jeder Verzweigung werden die Zweige schlanker.»

Die Museumspädagogin meint darauf:

«Paul Klee hat in seinen Bildern unzählige Verzweigungen und Gabelungen dargestellt. Für ihn waren sie ein Sinnbild des Wachsens und der Bewegung. Auch in *Park bei Lu* weisen viele Zeichen Verzweigungen auf. Bevor wir nun zu *Park bei Lu* gehen, stelle ich euch noch ein verwandtes Bild vor: *Gabelungen und Schnecke* aus dem Jahr 1937. Durch die vielen fast rechten Winkel wirken die Gabelungen unnatürlich. Paul Klee schaffte aus den Zweigen etwas Neues. Er versteckte im Bild die Grundformen Kreis, Quadrat und Dreieck. Das Dreieck beginnt sich durch die verlängerten Kanten und die Gabelungen mit gerundeten Zweigen wie ein Windrad zu drehen. Der Mittelpunkt ist durch die Spiralform betont.»

Gabelungen und Schnecke (1937), Kohlestiftzeichnung und Kleisterfarben auf Papier, auf Karton geklebt; 48,5 x 32,8 cm

29

Dem Farbgeheimnis von *Park bei Lu* auf der Spur

1.

2.

3.

4.

5.

Nun gehen die Schülerinnen und Schüler durch die Klee-Säle des Kunstmuseums. Schon von weitem werden sie von *Park bei Lu* angezogen. Die Farben leuchten, flimmern und scheinen stellenweise ineinander zu verfließen. Ein ockerfarbiger Rand faßt das Bild. Es ist mit einfachen Holzleisten gerahmt, die Paul Klee selbst ausgesucht und an den Keilrahmen genagelt hat.

«Warum leuchten die Farben so?»
«Warum sticht das Orange heraus?»
«Wie viele Farben hat Paul Klee überhaupt gebraucht?»
«Wie hat er sie gemischt?» fragen die Schüler.

Mit bloßem Betrachten können sie das nicht herausfinden. Sie beginnen darum, die Farben selbst nachzumischen und machen dabei einige Entdeckungen: Es ist unheimlich schwierig, die Farbtöne im Bild zu treffen. Paul Klee malte Ölfarbe auf Zeitungspapier, das er auf ein Stück Jute geklebt hatte. Die Ölfarbe verändert ihren Farbton nach dem Trocknen wenig. Die Deckfarben der Schüler hingegen sehen im nassen Zustand anders aus als nach dem Trocknen.

Die Farben stehen für das Einfärben der Papiere bereit.

Die Jugendlichen müssen sich mit einem annähernden Resultat zufrieden geben. Zuerst mischen sie die reinen Farben mit Weiß. Aber so wirken sie süßlich und viel zu hell. Sie finden heraus, daß alle Farben einen Grauanteil haben, also leicht getrübt sind. Trotz ihrer Verschiedenheit besitzen dadurch alle Farben etwas Verbindendes. Ein Schüler stellt fest, daß alle Farben eine ähnliche Helligkeit haben. Das kann man mit zusammengekniffenen Augen besonders gut beobachten.
Nach dem Trocknen der eingefärbten Papiere beginnen die Schülerinnen und Schüler mit den Farben zu spielen:

1. Sie versuchen, die fein abgestuften Farben in eine Reihe zu bringen.
2. Sie stellen die wärmeren Farben zu einem Bild zusammen.
3. Sie gruppieren die kalten Farben.
4. Sie mischen kältere und wärmere Farben in einem Bild, so wie Paul Klee Kontraste nebeneinander stellte. Nur die Zeichen fehlen.
5. Die Wirkung des Bildes verändert sich mit den weißschwarzen Balken. Das Bild wird härter und kraftvoller, und die Farben beginnen mehr zu leuchten.

Durch ihr eigenes Gestalten wird den Schülerinnen und Schülern auch die dreifache Sonderstellung des Orange besser bewußt: in Farbe, Form und Stellung ist es einmalig im Bild. Die Farbe ist rein gebraucht, die Farbform nähert sich der Kreisscheibe, das Orange liegt im Bildzentrum.
Die Museumspädagogin erzählt, wie wichtig die Farbe für Paul Klee war, daß er die Farbgegensätze suchte, aber gleichzeitig bestrebt war, eine ausgleichende Harmonie in seinen Bildern zu schaffen. Zum Schluß liest sie einen Satz vor aus Paul Klees Notizen zu seinem Unterricht der «Bildnerischen Formlehre»: «Ist es zu heiß, sehnt man sich nach grün-blau, ist es zu kalt, sehnt man sich nach gelb-rot. Die Nachfrage kann wechseln, der Geschmack kann wechseln.»

31

Paul Klees Zeichensprache in *Park bei Lu*

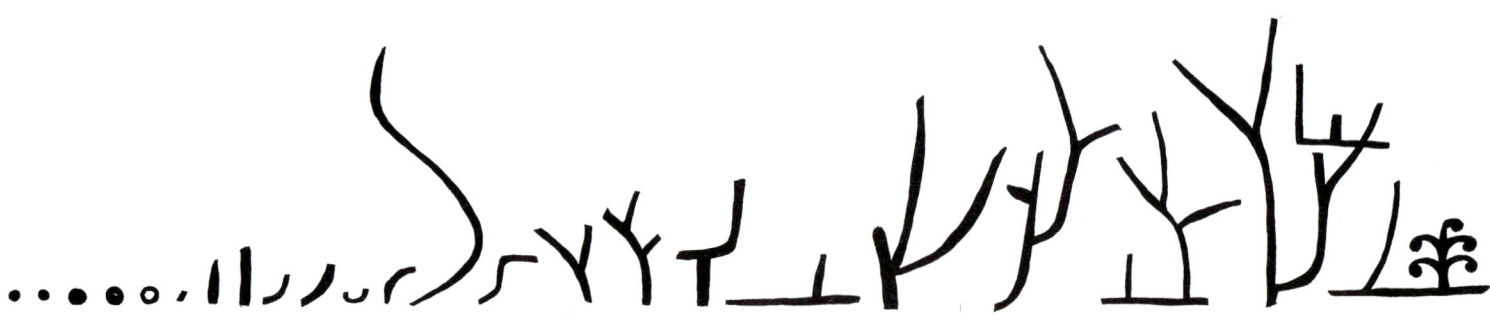

1.

2.   3.   4.   5.

6.   7.   8.   9.

Die Schülerinnen und Schüler spielen mit den ausgeschnittenen Zeichen.

Nach der Farbanalyse beschäftigen sich die Schülerinnen und Schüler mit den Zeichen im Bild *Park bei Lu*. Sie schneiden sie aus einer Fotokopie aus, beginnen mit ihnen zu spielen und sie unterschiedlich zusammenzustellen. Erst jetzt merken sie, wie sorgfältig Paul Klee die Zeichen gestaltet und in der Bildfläche angeordnet hat.

1. Eine Schülerin reiht die dreiundzwanzig schwarzen, im Bild weißbegrenzten Zeichen nach Größe und Kompliziertheit auf.

2. Im Bild gibt es fünf Punkte; klein, aber wichtig. «Einer steht in der Bildmitte, wie der Mittelpunkt einer Zielscheibe oder wie ein Anfangspunkt, von dem aus alles startet», bemerkt ein Schüler.

3. Die Punkte wollen sich einem größeren Zeichen anschließen. Sofort ergibt sich ein neuer Zusammenhang. «Jetzt könnten sie ebensogut als Gesicht, Figur, Sportler, Möbelstück oder Baum gedeutet werden», meint eine Schülerin.

4. Paul Klee hat die Zeichen so im Bildrechteck angeordnet, daß sich kein Zeichen mit einem anderen überschneidet oder berührt. Einige Zeichen wachsen vom Rand her ins Bild hinein.

5. Ein Schüler nimmt einiges weg, und das Bildgleichgewicht ist gestört.

6. Die Schüler zeichnen die Farbbegrenzungen, die «Farbmäntel» der Zweige nach. Die kargen Zweigformen bekommen so etwas Üppiges.

7. Gemeinsam stellen die Schülerinnen und Schüler fest: Jedes Zeichen hat seinen persönlichen Ausdruck, wie auch in einem Park jedes Gewächs seinen Charakter hat.

8. «Was stellt dieses Zeichen am rechten Rand dar?» fragt ein Mädchen, «einen Baum mit Baumhütte oder einen Zweig mit gefangenem F?»

9. Das rätselhafte Zeichen in der Mitte bedeutet für die Schülerinnen und Schüler verschiedenes: «Knospenbaum», «Springbrunnen», «Lebensbaum», «Schiff transportiert Palme», «Hobel fährt und produziert Hobelspäne», «Junges Pflänzchen im Gegensatz zu den abgestorbenen Zweigen», «Baum vor Sonnenaufgang».

Die Museumspädagogin meint: «Paul Klee hat seine Bilder selten selbst gedeutet. Bestimmt aber sind seine Zeichen vieldeutig und manchmal kaum erklärbar. Etwas können wir allerdings mit Sicherheit sagen: Unser Auge springt zuerst auf das Zeichen in der Mitte. Paul Klee schrieb: ‹Das Auge springt auf die stärkste Energie›. Es stimmt, daß von diesem Zeichen die größte Energie ausgeht. Der Bedeutung des Zeichens kommen wir durch Bildvergleiche noch etwas näher auf die Spur.»

Anregungen aus der Natur

Nicht nur Paul Klee, auch andere Künstler seiner Zeit ließen sich von Pflanzenformen anregen. Der Kunstlehrer und Fotograf Karl Blossfeldt (1865–1932) fotografierte kunstvoll angeordnete Pflanzenteile. Er ging mit der Kamera ganz nahe an die Motive heran und hob so die Schönheit der einzelnen Pflanzenteile hervor. Diese Fotos dienten ihm als Lehrmaterial für seinen Unterricht «Modellieren nach lebenden Pflanzen». Seine Schüler und Schülerinnen an einer Kunstgewerbeschule sollten sie als Vorlagen für Zierelemente von Vasen, schmiedeeisernen Gittern und anderen Gebrauchsgegenständen nehmen. Wie Paul Klee schien auch Karl Blossfeldt besonderen Gefallen an ein- und ausrollenden Pflanzenformen gefunden zu haben. Er veröffentlichte seine Fotos in Büchern, die weit verbreitet und beliebt waren. Paul Klee hat das erste Fotobuch von Karl Blossfeld besessen.

Karl Blossfeldt, Haarfarn, Fotografie (Ausschnitt).

Zeichenverwandtschaft

Vorhaben (1938),
Kleisterfarben
auf Zeitungspapier
auf Jute geklebt,
mit originalem Rahmen;
75 x 112 cm

Feuer-Quelle (1938),
Öl auf Zeitungspapier
auf Jute geklebt,
mit originalem Rahmen;
69,5 x 149,5 cm

Östlich – süss (1938),
Ölfarben auf Papier,
auf Jute geklebt;
50 x 66 cm

Die Museumspädagogin zeigt der Klasse drei weitere Bilder, eines davon hängt gerade neben *Park bei Lu,* die zwei anderen sind in einem Buch abgebildet:

«Diese drei Bilder malte Paul Klee im gleichen Jahr wie *Park bei Lu,* nämlich 1938, und in allen könnt ihr das bekannte Zeichen in der Mitte in Variationen wiederfinden. Im Bild *Vorhaben* sprießt es wie ein Gedankengewächs aus dem Kopf der Hauptfigur heraus. Im Bild *Feuer-Quelle* erscheint das Zeichen wie eine junge Pflanze in einem grünen, fruchtbaren Schutzkreis inmitten einer feurigen Umgebung. Das Bild *Östlich – süss* erinnert an Palmen und Pyramiden. Hier stehen die runden Formen im Gegensatz zu den eckig konstruierten Flächen und Balken.

Diese Vergleiche zeigen, daß Paul Klee das Zeichen in der Mitte von *Park bei Lu* dort einsetzte, wo er etwas von Naturvorgängen, von Wachstum, von Bewegung, von Entwicklung und von Veränderungen erzählte.»

(Das Zeichen der Spirale findet sich auch in den Bildern *Wasser-Vogel* auf Seite 13 und *Schnecke* auf Seite 22.)

Von nahe betrachtet –
Mal- und Zeichenverfahren

Mit einem Flachpinsel wird weiße Ölfarbe auf bereits bemalte Leinwand übertragen. Diese Technik verwendete Paul Klee bei seinem Gemälde Ad Parnassum.

«Wie hat der Künstler das gemacht?» fragen sich viele Besucherinnen und Besucher, wenn sie im Museum vor den Werken Paul Klees stehen. Es ist tatsächlich spannend, die «Machart» der Bilder genau zu betrachten. Nur im Museum, vor den Originalen, kann man Farben, Formen und Größen unverfälscht bewundern. Allerdings wird die Entdeckerfreude manchmal durch eine Person des Aufsichtsdienstes getrübt, die das zu nahe Herantreten an die Bilder aus Sicherheitsgründen nicht erlaubt.

Da hilft – wie in diesem Kapitel – die fotografische Vergrößerung, die Mal- und Zeichenverfahren genauer kennenzulernen. Mit guten Nahaufnahmen können besonders aussagekräftige Einzelheiten herausgehoben werden, auf die man beim anschließenden Museumsbesuch besser achten kann. So ergänzen sich das Kunstbuch mit seinen Abbildungen und Beschreibungen und der Museumsbesuch sinnvoll.

Wie hat Paul Klee das gemacht?

Der Arbeitstisch mit den vielen Pinseln, Fläschchen und Farben läßt vermuten, daß sich Paul Klee kaum mit einer einzigen Mal- oder Zeichenart zufrieden gegeben hat. Seine Experimentierfreude begann schon bei der Wahl des Bildträgers, das heißt des Materials, auf dem er arbeiten wollte. Er brauchte Papiere aller Art, Karton, Zeitungen, grobe und feine Stoffe, die er auf unterschiedlichste Weise vorbereitete. Die Farben und die maltechnischen Verfahren waren nicht weniger reich. Oft kombinierte er

verschiedene Materialien und Malarten im gleichen Bild. Wichtig war ihm auch die Fertigstellung der Bilder. Er klebte die fertigen Zeichnungen und farbigen Blätter auf Karton und schrieb Titel und Jahrzahl hin. Selten äußerte er sich zu seinen maltechnischen Erfindungen und Kombinationen, und es ist meist nicht einfach, sie genau zu bestimmen.

Der Arbeitstisch von Paul Klee in seinem Atelier des Bauhauses in Weimar, 1925.

Ad Parnassum (1932)

Technik: Öl- und Kaseinfarben auf Leinwand, mit originalem Rahmen; 109 x 135 cm

Zu diesem Bild haben sich im Kapitel «Ein Bild, viele Meinungen» verschiedene Betrachterinnen und Betrachter geäußert.
Als der «Verein der Freunde des Kunstmuseums» das Bild im März 1935 kaufte, mußte Paul Klee für das Kunstmuseum Bern eine Beschreibung (ein sogenanntes Attest) der Technik abgeben. Seine kurze Beschreibung gibt uns genaue Informationen über den Aufbau des Bildes.
Im Attest beschrieb Paul Klee auf die Frage nach der Technik und den Malmaterialien ausführlich den schichtenartigen Aufbau des Gemäldes:

«a) viereckige Gliederung als Grundlage; technisch Kaseinfarben auf ungrundierte Leinwand
b) Kleinteilung mit weißer Ölfarbe
c) Lasur dieser Kleinteilung mit Ölfarben, welche mit Terpentinöl und etwas Malmittelersatz verdünnt wurden
d) der warme Kreis Ölfarbe
e) die Linien Ölfarben»

Das Gemälde Ad Parnassum, ohne den originalen schwarzen Rahmen, im Restaurationsatelier des Kunstmuseums.

In dieser Nahaufnahme ist zu sehen, wie die Pinselhaare beim Abheben auf der linken Seite einen ausgefransten Rand bilden. Daran erkennt man, daß Paul Klee mit der linken Hand gearbeitet hat.

Das Attest zu Ad Parnassum, von Paul Klee im Jahre 1935 für das Kunstmuseum Bern ausgefüllt. Die Beschreibung der Technik und der Malmaterialien steht rechts.

Paul Klee brauchte in seiner Beschreibung viele Fachausdrücke. Sie werden im Kapitel «Lexikon wichtiger Fachwörter» am Schluß des Buches kurz erklärt.

Die Fotos Nr. 1 bis Nr. 4 zeigen in Nachstellung den schichtenartigen Aufbau des Bildes:

1. Die Leinwand ließ Paul Klee ungrundiert. Das heißt, er grundierte sie nicht, wie sonst üblich, mit einem vorbereitenden Farbanstrich.

2. Nun teilte er das ganze Bild in farbige Rechteckfelder ein, er nannte dies im Attest «viereckige Gliederung».

3. Mit dem Flachpinsel und weißer Ölfarbe überzog er das ganze Bild mit kleinen, rechteckigen Pinselabdrücken, die er in seiner Beschreibung «Kleinteilung» nannte.

4. Nun färbte er jeden einzelnen weißen Fleck mit der verdünnten, durchsichtigen Ölfarbe ein, so daß die weiße Untermalung noch durchscheint.

St. Petersinsel (1898)

Technik: Bleistiftzeichnung auf Zeichenkarton, aus einem Skizzenbuch; 16,6 x 23,5 cm

Diese Zeichnung entstand auf einem Ausflug auf die stille St. Petersinsel im Bielersee in der Nähe von Bern. Man kann sich gut vorstellen, wie der neunzehnjährige Paul Klee im Schatten eines Baumes saß und in sein Skizzenbuch zeichnete. Sein Interesse an der exakten Naturbeobachtung und seine Liebe zu den Einzelheiten sind in dieser Zeichnung gut ablesbar: Zuerst hielt er die kleine Baumlandschaft mit Linien fest. Dann setzte er durch feines Schattieren mit dem Bleistift das Helldunkel in verschiedenen Graustufen ein. Die weißen Blumen leuchten vor dem dunklen Blattwerk; die grauen Stämme stehen vor dem hellen Hintergrund. Paul Klee beherrschte die Bleistifttechnik bereits sicher.

Ein Ausschnitt aus der Bleistiftzeichnung in Vergrößerung.

Vor den Toren von Kairouan (1914)

Technik: Aquarellfarben auf Papier, auf Karton geklebt; 20,7 x 31,5 cm

Als Paul Klee 1914 nach Tunesien reiste (mehr dazu im Kapitel «Paul Klee auf Reisen»), war das Kostbarste in seinem Reisegepäck sein Malkasten mit den Aquarellfarben. Die lichten Farben des Südens hatten ihn, so schrieb er, zum Maler gemacht. Eigentlich zuerst zum Aquarellisten. Er kannte diese Technik schon vorher, aber erst in Tunesien entdeckte er sie richtig und übte sich täglich darin. Vor den Toren der Stadt Kairouan fand er ein schönes Motiv. Er setzte sich hin, befestigte ein Blatt Papier mit breiten Gummibändern auf einem Holzbrett und begann zu malen. Er trug die Farben dünn und flüssig auf. Er arbeitete präzise und ließ die Farben nur da verlaufen, wo es paßte. An einigen Stellen überlagerte er die durchscheinenden Farben. Er korrigierte nichts, denn dies ist in der Aquarelltechnik nicht möglich. Im Aquarellkasten gibt es kein Weiß. Paul Klee ließ die Kuppel der Moschee weiß herausleuchten, indem er das weiße Papier unberührt ließ und den blauen Himmel rundherum malte. Dieses Aussparen der Weißflächen ist typisch für die Aquarelltechnik und erfordert besonde-

Eine Nahaufnahme der weißen Kuppel am Horizont.

res Geschick. Als Paul Klee mit dem Aquarell fertig war, löste er die Gummibänder, die das Papier festgehalten hatten. Links und rechts waren weiße, senkrechte Balken und Flächen entstanden, die wie Gebäudeteile im Vordergrund aussehen und dem Bild eine räumliche Wirkung geben.

Das Aquarell
Hier sieht man, wie die Wasserfarbe dünn aufgetragen wird. Die weiße Kuppel ist nicht gemalt, sondern sie erhält ihre Form, indem sie aus dem blau gemalten Himmel auf dem Papier ausgespart wird.

Seelandschaft mit dem Himmelskörper (1920)

Technik: Federzeichnung mit Tusche auf Papier, nach dem Zeichnen zerschnitten und auf einem Karton neu zusammengesetzt; 12,7 x 28,1 cm

Die ursprüngliche Zeichnung, vor dem Zerschneiden.

Es ist nicht leicht, sich in dieser Helldunkellandschaft zurechtzufinden. Paul Klee hat sie sorgfältig und detailfreudig mit spitzer Feder ausgeführt. In der schachbrettartig schraffierten und gestreiften Welt sind die Dinge getarnt. Erst bei genauem Hinschauen ist ein schwarzes Gebäude mit hell erleuchteten Fenstern am wellenbewegten See zu entdecken. Ist es vielleicht ein Hotel mit einem kuppelartigen Türmchen? Um die Landzunge herum kommt eben ein Raddampfer gefahren. Er ist an den Bullaugen, den Radschaufeln, dem Kamin und dem Fähnchen mit dem Kreuz zu erkennen. In der Bildmitte hat Paul Klee ein Kirchengebäude mit spitzem Turm versteckt. Das wahrscheinliche Hotel steht am linken Blattrand. Von da breitet sich der See über das ganze Bild bis zum rechten Bildrand aus, wo ein kurviger Weg zu einem burgähnlichen Gebäude hinaufführt. Der höchste Berg befindet sich in der Bildmitte, nach rechts werden die Hügel kleiner. Über der Landschaft schwebt ein großer Himmelskörper, der sich dem rechten Bildrand entgegendreht. Aber die rechten Winkel der Burg gebieten Halt.

So sah die Zeichnung ursprünglich aus. Und nun hat Paul Klee zur Schere gegriffen, diese Zeichnung in zwei gleich große Teile zerschnitten und neu zusammengesetzt. Er selbst gab dazu keine Erklärung ab. Vielleicht hat ihn etwas an der Zeichnung nicht befriedigt, oder er war neugierig, was eine solche Umstellung bringen könnte.

1920/166.   Seelandschaft m.d. Himmelskörper.

Das neu zusammengesetzte Werk, die endgültige
Fassung von Seelandschaft mit dem Himmelskörper.

Die Veränderung ist überraschend: das Bild
wirkt ganz anders. Das Hotel und die Burg
sind zusammengekommen. Der Berg wird
zur gefährlichen Klippe. Der See ist in zwei
Hälften getrennt. Das Schiff steuert der
Bildmitte zu, die jetzt viel stärker betont ist.
Sie bildet ein Gegengewicht zum Himmels-
körper. Dieser muß nun einen viel längeren
und komplizierteren Weg zum rechten
Bildrand zurücklegen. Werden seine sieben
Flügel genug Kraft haben, um Burg und
Berg zu überwinden?

Eine Nahaufnahme vom Hotel am Seeufer.

Der Seiltänzer (1923)

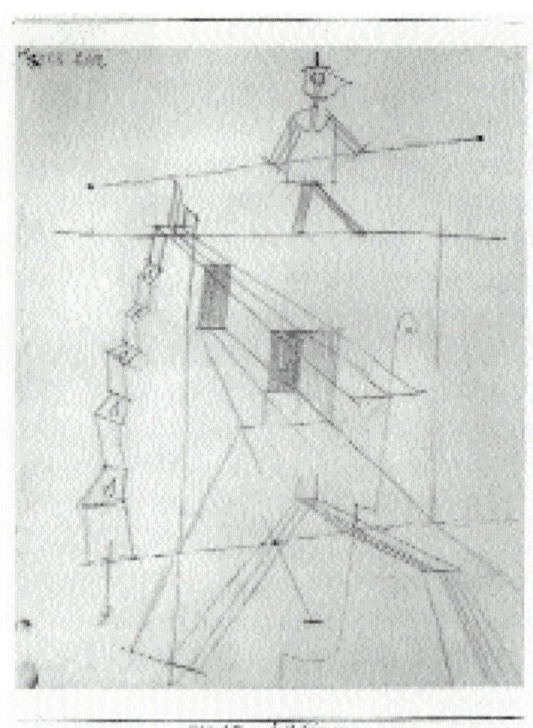

Seiltänzer (1923), Bleistiftzeichnung auf Papier, auf Karton geklebt; 28 x 21,9 cm

Die Nahaufnahme (oben links) zeigt, wie faserig und stark ausgefranst die Linien der Ölfarbezeichnung sind. Paul Klee variierte die Strichdicke beim Durchpausen durch unterschiedlichen Druck auf die Metallnadel. Deutlich zu erkennen sind die schwarzen Flecken, die er durch den Druck der Fingerkuppen oder dem Handballen auf das Ölpausepapier in der Ölfarbezeichnung erzeugte.

Technik: Bleistift- und Ölfarbezeichnung auf Papier, mit Aquarellfarben koloriert, auf einen Karton geklebt; 48,7 x 32,2 cm

Im Jahre 1919 entwickelte Paul Klee ein eigenes Durchpausverfahren: die Ölfarbezeichnung. Nach diesem Verfahren kopierte er die Bleistiftzeichnung *Seiltänzer*. Er bestrich dazu ein dünnes Blatt Papier mit schwarzer Ölfarbe. Sobald die Ölfarbe angetrocknet, aber immer noch etwas feucht war, legte er dieses Blatt als Pauspapier mit der schwarzen Farbschicht nach unten auf ein großes Blatt Papier. Darüber legte er die Bleistiftzeichnung *Seiltänzer*. Nun fuhr er mit einer Metallnadel den Strichen der Vorzeichnung nach und pauste so die Linien der ganzen Zeichnung durch. Zugleich brachte er willentlich auf der Ölfarbezeichnung einige Flecken an, indem er mit den

Fingerkuppen oder mit den Handballen schwarze Ölfarbe des Pauspapiers auf das unterlegte Blatt drückte. Mit einem gewöhnlichen Kohlepauspapier, wie es schon damals im Handel erhältlich war, hätte er solche vielfältige Wirkungen nie erreicht. Die Ölfarbezeichnung konnte er nachträglich sehr gut mit Wasserfarbe kolorieren.

Die Ölfarbezeichnung *Der Seiltänzer* hat Paul Klee in der frühen Bauhauszeit (mehr dazu im Kapitel «Die Geschichte eines Bildes») geschaffen. Ein Seiltänzer mit der Balancierstange schreitet über das Hochseil, das über einem komplizierten Gerüst aus Stangen und einer Strickleiter aufgespannt ist. Neben den vielen mit Lineal gezogenen Geraden fällt eine Linie mit einer Rundung und einem spiralförmigen Abschluß auf: Sie bildet einen Teil des Bauhaus-Signets, das Paul Klee versteckt in die Ölfarbezeichnung eingebaut hat. Wer findet es? (Das Bauhaus-Signet ist auf Seite 57 abgebildet.)

Gebirge im Winter (1925)

Technik: Aquarellfarben, unter Verwendung von Schablonen gespritzt aufgetragen, das Bäumchen mit Pinsel und Aquarellfarben gemalt, auf kreidegrundiertem Papier, auf Karton geklebt; um das Blatt herum einen Randstreifen mit Deckfarben gemalt; 28,7 x 37 cm

Um 1925 hat Paul Klee die Spritz- und Schabloniertechnik für sich entdeckt. Er schnitt Schablonen zum Abdecken von Bildteilen und legte durch feines Spritzen mit dem Spritzbürstchen und Spritzsieb Farbschicht um Farbschicht übereinander. Dabei erzielte er mit einfachsten Formen eine große Wirkung. Die Bergpyramide links im Bild ist rechtwinklig wie ein Blatt Papier, eine andere Bergspitze wirkt wie ein Scheinwerferlicht, und doch bildet die Gruppe der Berge eine Einheit. Die Äste des feinen Bäumchens beschreiben eine Herzform.

Spritztechnik

Mit einem farbgetränkten Bürstchen oder mit einer Zahnbürste streicht man über das Spritzsieb, so daß feinste Farbtröpfchen über das Papier gesprüht werden. Durch Abdecken mit Schablonen aus verschiedensten Materialien werden Flächen ausgespart. Die gespritzten Flächen überlagern sich wie durchsichtige Schleier. Man kann mit dunkler Farbe auf Weiß spritzen oder mit heller Farbe auf dunklen Grund. Die Spritztechnik erfordert viel Geduld.

Eine Nahaufnahme der Bergspitzen. Die verschiedenen Farbschichten überlagern sich wie durchsichtige Farbschleier.

Ein Garten für Orpheus (1926)

Die Nahaufnahme zeigt einen Teil der Gestirne.

Technik: Spitzfederzeichnung mit Tusche auf Papier, auf Karton geklebt; 47 x 32,5 cm

Von den frühesten Kinderzeichnungen bis zu den letzten Werken vor dem Tod beschäftigte sich Paul Klee mit der Linie und ihren vielfältigen Ausdrucksmöglichkeiten. Während der Bauhauszeit schuf er sehr viele lineare Federzeichnungen. Man kann sich gut vorstellen, wie er in den stillen ersten Tagen des Jahres 1926 in seinem Atelier saß und sorgfältig Linie an Linie fügte. Das Bild *Ein Garten für Orpheus* steht als drittes Werk dieses Jahres im Œuvre-Katalog (mehr dazu auf Seite 61). Aus freier Hand, ohne die Hilfe des Maßstabes, setzte er die Linien parallel nebeneinander. Überkreuzungen vermied er, ließ aber jede Linie genau an die andere anstoßen. Paul Klee muß zufrieden gewesen sein mit der Zeichnung, denn er schrieb rechts neben den Titel mit Bleistift: «für mich». Der Titel ist bedeutungsvoll: Orpheus war ein großer Musiker und Sänger der antiken griechischen Mythologie. Auch Paul Klee war Musiker. Ein Gruß von Paul an Orpheus?

Zeichnen mit Spitzfeder
Paul Klee bevorzugte für das Zeichnen mit Feder und Tusche die Spitzfeder, die eine feine, präzise Linie erzeugt und mit der man die Strichdicke durch Druck variieren kann.

Der Künftige (1933)

Technik: Kohlestiftzeichnung und Kleisterfarben auf Papier, auf Karton geklebt;
61,8 x 46 cm

Der Farbauftrag in diesem Bild sieht wie
Schuppen aus. Paul Klee zeichnete die
Figur mit einem Kohlestift vor und trug darauf die Kleisterfarbe dick mit breitem Pinsel
auf. Anschließend bearbeitete er den Klei-
stergrund mit einem spachtelförmigen
Messer und füllte so die einzelnen Flächen
mit unterschiedlichen Spachtelstrukturen
aus. Er schuf eine rätselhafte, kindliche
Figur, die aus zwei Endloslinien, winkligen
Armen und nach links laufenden Füßen gebaut ist. Wie wird sich dieser «Künftige» in
Zukunft entwickeln?

*Die Nahaufnahme (unten rechts) zeigt, daß Paul
Klee die Linie der Kohlestiftzeichnung bei der
Bearbeitung der Kleisterfarbe mit dem spachtel-
förmigen Messer aussparte.*

Kleisterfarbe
Zuerst rührt man mit Kleisterpulver (Fischklei-
ster) und Wasser eine gleichmäßig dicke Masse
an, der man anschließend die gewünschte Farbe
beigibt. Die Kleisterfarbe wird mit dem Pinsel
wie gewöhnliche Malfarbe auf ein Blatt Papier
aufgetragen. Die dicke Kleisterschicht eignet
sich zum Bearbeiten mit verschiedensten Spach-
teln, Kämmen, borstigen Pinseln oder anderen
Werkzeugen. Die Kleistertechnik ist eine alte
Handwerkstechnik (etwa für die Gestaltung
von Bucheinbänden), die Paul Klee für seine Bilder aufgegriffen hat.

Legende vom Nil (1937)

Technik: Pastellkreiden auf Baumwolle, auf Jute geklebt; 69 x 61 cm

In seiner späten Schaffenszeit brauchte Paul Klee gerne farbige Stifte: Wachskreiden, Farbstifte, Pastellkreiden. Die weichen, pulvrigen Kreiden auf dem Stoff wirken anders als ein mit flüssiger Farbe gemaltes Bild. Paul Klee benutzte Kreiden von sehr guter und leuchtender Qualität.
In diesem Bild verarbeitete Paul Klee wohl eine Erinnerung an seine Ägyptenreise im Winter 1928/1929 (mehr dazu im Kapitel «Paul Klee auf Reisen»). Er erinnerte sich an Hieroglyphen, an Sand und an das Wasser des Nils.

In der Vergrößerung (unten links) sind die waagrechten und senkrechten Kreidestriche gut zu erkennen. Die ockerfarbenen Zeichen malte Paul Klee zuerst, die blauen Farbfelder legte er anschließend darum herum an.

Pastellkreiden auf Baumwolle
Mit Pastellkreiden kann man gut auf weißen Baumwollstoff zeichnen. Das Kreidepulver haftet darauf besser als auf Papier. Für das Gemälde *Legende vom Nil* hat Paul Klee den Baumwollstoff auf Jute geklebt, um dem Bildträger mehr Festigkeit zu geben.

Vorhaben (1938)

Technik: Kleisterfarben auf Zeitungspapier, auf Jute geklebt, mit originalem Rahmen; 75 x 112 cm

Beim flüchtigen Hinsehen fällt das Zeitungspapier kaum auf, in der Vergrößerung kann man es jedoch überall durchscheinen sehen. Bevor Paul Klee mit dem Malen dieser Bilder begann, klebte er die Zeitung auf Jute. Auf diese zeitungsbeklebte Jute malte er mit Kleisterfarbe kräftige Zeichen.

Die Nahaufnahme zeigt: das Auge des Tieres ist mit Hellbraun auf das Schwarz gesetzt, die ausgefranste Schnauze und der Hals erhielt ihre Form durch Übermalen der schwarzen Farbe vom Rande her.

Die Geschichte eines Bildes

Die Zwitscher-Maschine (1922), Ölfarbezeichnung und Aquarellfarben auf Papier, auf Karton geklebt; 63,8 x 48,1 cm

Was geht hier vor?

Ein Mann in einer hellen Arbeitsschürze sitzt in einem Korbstuhl an einem Pult. Die Arme aufgestützt, hält er in der rechten Hand ein Blatt Papier und in der linken einen Bleistift. Auf der Arbeitsfläche steht eine Tischlampe, die Fläche ist bedeckt mit Steinfigürchen, Tintenfäßchen, Federkiel und Papier. Am Holzbalken links neben dem Pult hängen einige Bilderrahmen. Auf dem Fenstersims im Hintergrund sind Dosen mit Farbpinseln und Glasfläschchen mit Farbpulver aufgereiht. Links neben und hinter dem Mann stehen auf Staffeleien mehrere Gemälde in Arbeit, davor einige Beistelltischchen mit Farbtuben, Palette und Flaschen mit Lösungsmitteln.

Die Fotografie zeigt das Atelier des 43jährigen Paul Klee, das er in einer Dachkammer des Staatlichen Bauhauses in Weimar ein-

gerichtet hatte. Den Raum stellte ihm diese Hochschule zur Verfügung. Wenn Paul Klee nicht unterrichtete, hielt er sich tagsüber oft hier auf und malte oder zeichnete oder hing seinen Gedanken nach. Wie jetzt im Sommer 1922.

Vor fast einem Jahr hatte Paul Klee auf einem Blatt Papier mit Feder und Tusche vier zwitschernde Vögel auf einem Ast gezeichnet. Er hatte die Zeichnung *Konzert auf dem Zweig* getauft. Zu jener Zeit hatte er noch in München gewohnt und war nur zum Unterrichten nach Weimar gefahren. Die Zeichnung *Konzert auf dem Zweig* hatte er damals auf die Seite gelegt und erst jetzt wieder aus einem Stapel Bilder hervorgezogen, wenige Monate nachdem er sich in Weimar fest niedergelassen und eingerichtet hat.

Paul Klee ist ganz in die Betrachtung der Zeichnung versunken. Das Blatt fesselt ihn von neuem. Je länger er es betrachtet, desto deutlicher erinnert er sich wieder,

Paul Klee in seinem Atelier am Staatlichen Bauhaus in Weimar, 1926.

Konzert auf dem Zweig (1921), Federzeichnung mit Tinte auf Papier, auf Karton geklebt, 28,2 x 22 cm

Der Pariser Musikautomat mit Vogelstimmen aus dem zweiten Drittel des 19. Jahrhunderts, ausgestellt im Deutschen Museum in München.

Ansicht der Mechanik des Musikautomaten mit Vogelstimmen: die vier Federwerke treiben die Vogelbewegungen, die Blasbälge und die Tonhöhensteuerung (bewegliche Kolben in Pfeifchen) an.

was ihn zu dieser Zeichnung angeregt hat. Es war ein Spielautomat. Er hatte ihn auf einem seiner Streifzüge an regnerischen Sonntagen durch das Deutsche Museum in München in der Musikabteilung entdeckt. Er weiß noch genau, wie er funktionierte: Mit einer Kurbel mußte das Federwerk zum Antrieb der Vogelbewegungen, der Blasbälge und der Tonhöhensteuerung aufgezogen werden. In Gang gesetzt, flatterten die ausgestopften Vögel auf dem nachgebildeten Baum von einem Zweig zum anderen, öffneten ihre Schnäbel und sangen in den verschiedensten Tonlagen. Ein technisches Meisterwerk.

«Sowas müßte ich zeichnen oder malen können», denkt Paul Klee bei sich. «Und zwar besser oder einfach anders, als ich das hier im *Konzert auf dem Zweig* dargestellt habe.»

Er entschließt sich, das Thema der witzigen und zugleich tragischen Tiermarionetten nochmals aufzugreifen und etwas deutlicher zu gestalten. Doch diesmal nicht mehr mit einer schwarzweißen Zeichnung, sondern mit einem farbigen Blatt.

Paul Klee wollte das *Konzert auf dem Zweig* zum Ausgangspunkt des neuen Bildes nehmen und die Zeichnung deshalb durchpausen. Er hatte dafür 1919 ein eigenes Pausverfahren entwickelt: die Ölfarbezeichnung.

Paul Klee hatte mit seinem Pausverfahren schon viele Zeichnungen zu farbigen Blättern weiterverarbeitet. Er kopierte beim Durchpausen das *Konzert auf dem Zweig* aber nicht genau, sondern wandelte es zugleich etwas ab. Der angedeutete Baumstamm in der Vorzeichnung wird in der Ölfarbezeichnung zur Kurbel, der Zweig mit den zwitschernden Vögeln durch ein Gestänge mechanisiert und in einem Sockel verankert. Paul Klee baute offensichtlich Teile des Spielautomaten aus der Musikabteilung in sein Bild ein. Danach aquarellierte er die Ölfarbezeichnung in hellblauen und rosa Tönen.

Wie sollte er das Blatt nun betiteln? Ein Vogelkonzert auf einem Zweig stellt es ja nicht mehr dar. Durch das Gestänge hat die Zeichnung viel von einer Maschine; es ist eher eine *Zwitscher-Maschine.* Diesen Titel setzte er mit Tinte in die obere rechte Ecke der Ölfarbezeichnung und signierte sie unten rechts: Klee.

Damit war das Werk aber noch nicht vollendet; es fehlte die endgültige Aufmachung. Paul Klee klebte das Blatt auf einen Karton und zog um das Blatt herum mit Aquarellfarbe einen Rahmen. Auf dem Karton notierte er mit Feder und Tinte das Entstehungsjahr, eine Nummer und den Titel: «1922/151 Die Zwitscher-Maschine». Zuletzt unterstrich er diese Angaben. Auch die Vorzeichnung *Konzert auf dem Zweig* klebte er nach dem Durchpausen auf einen Karton und beschriftete sie.

Das Bauhaus in Weimar und Dessau

«Lieber verehrter Paul Klee. Wir lassen einstimmig den Ruf an Sie ergehen, zu uns als Meister an das Bauhaus nach Weimar zu kommen.» Dieses Telegramm erreichte den 41jährigen Künstler im Oktober 1920 in den Ferien im Tessin. Paul Klee nahm den Ruf an und blieb bis 1931 am Bauhaus.

Was war das Bauhaus für eine Einrichtung, an der Paul Klee als Meister tätig war? Das Staatliche Bauhaus war in seiner Zeit die modernste Hochschule für Gestaltung. Vom Architekten Walter Gropius 1919 in Weimar gegründet, mußte das Bauhaus 1925 auf Druck der rechtsgerichteten Weimarer Regierung schließen. Es verlegte seinen Sitz von 1925 bis zur Vertreibung durch die Nationalsozialisten 1932 nach Dessau und existierte danach bis zur endgültigen Auflösung durch die Nationalsozialisten 1933 in Berlin.

Das Bauhaus strebte danach, zunächst Kunst und Handwerk, später Kunst und Technik, gleichwertig zur Gestaltung des Baus als engerer Lebensraum des Menschen einzusetzen. Architekten, Bildhauer und Maler sollten wieder eng zusammenarbeiten, wie dies beim Bau der mittelalterlichen Kathedralen der Fall gewesen war. Die Studentinnen und Studenten mußten deshalb neben der künstlerischen Grundausbildung einen Beruf in einer der Bauhauswerkstätten erlernen. Es gab die Tischlerei, die Weberei, die Töpferei, die Buchbinderei, die Druckerei, die Glas- und Wandmalerei sowie die Bühne. Die «Lehrlinge» wurden in jeder Werkstatt von zwei «Meistern» betreut, einem «Meister der Form» für den künstlerisch-gestalterischen Bereich und einem «Meister des Handwerks» für den technisch-konstruktiven Bereich. Unter Anleitung des «Meisters der Form» zeichneten zum Beispiel die «Lehrlinge» der Töpferei die Gestalt und die Verzierung einer Teekanne. Der «Meister des Handwerks» beaufsichtigte dann das Töpfern auf der Drehscheibe nach den gezeichneten Plänen.

Am Bauhaus unterrichteten einige der bedeutendsten Künstler der Zeit: außer Paul Klee auch Lyonel Feininger, Johannes Itten, Wassily Kandinsky, Laszlo Moholy-Nagy, Oskar Schlemmer. Paul Klee stand 1921 für ein Jahr als Formmeister der Buchbinderei, 1922 und 1923 der Glasmalerei und ab 1927 der Weberei vor. Er hielt als Grundlage zum theoretischen Unterricht am Bauhaus die Vorlesung «Beiträge zur bildnerischen Formlehre» und erteilte Aktzeichnen für Studienanfänger. Ab 1926 leitete er den Unterricht für angehende Malerinnen und Maler. Paul Klee trug nun den Titel des «Professors».

Mit der endgültigen Schließung des Bauhauses 1933 wurden die Bauhäuslerinnen und Bauhäusler und damit ihre Ideen in alle Welt zerstreut. Die Bauhausidee fand so vor allem in den USA eine große Verbreitung und wirkt bis heute nach.

Das Signet des Staatlichen Bauhauses nach einem Entwurf von Oskar Schlemmer, verwendet seit 1922.

Vorderdeckel des Heftes mit den Notizen zum Unterricht «Beiträge zur bildnerischen Formlehre».

Aus dem Kunstunterricht von Paul Klee

«Die Vorlesung ging gestern ganz glatt, ich war wieder aufs letzte Wort präpariert, brauchte dann nicht zu befürchten, etwas nicht ganz Verantwortliches zu sagen», schrieb Paul Klee im November 1921 seiner Frau Lily.

Paul Klee war ein gewissenhafter Lehrer. Seine Vorlesung «Beiträge zur bildnerischen Formlehre» von 1921 und 1922 entwarf er Stunde für Stunde in einem Heft. Die vorbereiteten Zeichnungen übertrug er im Unterricht auf die Wandtafel. Er hielt die Vorlesung jeden zweiten Montag. Dazwischen mußten die Studentinnen und Studenten die gestellten Aufgaben lösen.

In seinem Unterricht drückte sich Paul Klee immer wieder in ganz einfachen, konkreten Vergleichen aus. Zwei Beispiele mögen das illustrieren:

Im neunten Vortrag vom 3. April 1922 sprach er über eines seiner Lieblingsthemen, über den Pfeil und die Bewegung im Bild. Stufenweise führte er die Studentinnen und Studenten ins Thema ein. Er erzählte von seiner Kindheit in Bern und zuerst, wie er und seine Freunde mit der «Kartoffelschleuder» spielten. Wörtlich sagte er seinen Studentinnen und Studenten:

«Ich erinnere mich, daß wir als Jungen uns Haselgerten schnitten und uns dann auf dem nahen Kartoffelfeld einige ‹Geschosse› holten. Diese Geschosse in Form von Kartoffeln spießten wir an die Gerten fest und versetzten diesen Apparat in zentrifugalen Schwung, der sich auf den

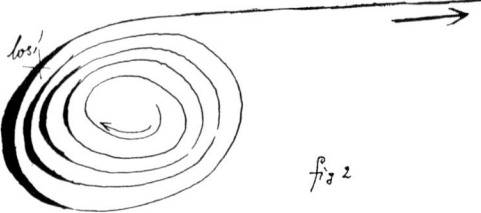

Die Kartoffelschleuder; Illustration zum neunten Vortrag vom 3. April 1922.

Moment hin zu steigern hatte, wo das Geschoß sich von der Gerte löste… die Kartoffel sauste über mehrere Häuser hinweg… und man blieb dabei ganz frisch. Aber die Treffsicherheit blieb recht fragwürdig…»

In einem weiteren Beispiel in der selben Vorlesung sprach er davon, wie sie als Jungen Stein- und Pfeilschleudern bastelten:

«Wir schnitten diesmal Gabeläste aus dem Gesträuch und befestigten an den Enden der Gabel Gummibänder, die sich weit ausdehnen ließen und dem Geschoß beim Loslassen nicht geringe

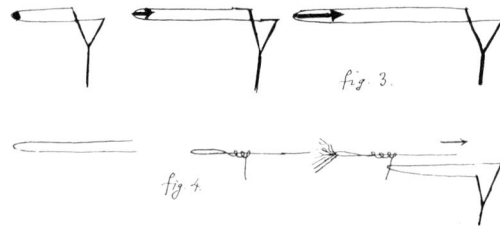

Die Stein- und Pfeilschleuder; Illustrationen zum neunten Vortrag vom 3. April 1922.

Kraft und kontrollierbare Richtung verliehen. Die Treffsicherheit steigerte sich noch dadurch, daß man als Geschoß den Stein mit einer Art Pfeil vertauschte, den man aus einer Haarnadel verfertigen konnte. Ein Fähnchen aus farbiger Wolle diente als Steuer, oder zum Halten, oder auch als Schmuck. Verwandt damit war der Pfeilbogen, dessen wir uns natürlich auch fleißig bedienten … Der Vater jedes Bewegungs- oder Wurfgeschosses, also auch des Pfeils, war der Gedanke: ‹Wie erweitere ich meine Reichweite dorthin?›»

Seine Notizen zur Vorlesung von 1921 bis 1922 veröffentlichte Paul Klee 1925 in Auszügen als «Pädagogisches Skizzenbuch». 1979 gab die Paul-Klee-Stiftung (Kasten auf S. 72) das Heft ungekürzt als «Beiträge zur bildnerischen Formlehre» heraus.

Vom Atelier zum Kunsthändler

Was danach mit der aquarellierten Ölfarbezeichnung geschah, ist nicht bekannt. Vermutlich übergab Paul Klee sie zusammen mit anderen Werken gegen Ende des Jahres 1922 seinem Generalvertreter, dem Münchner Kunsthändler Hans Goltz, zum Verkauf. Die Vorzeichnung *Konzert auf dem Zweig* dagegen behielt er für sich. Seit 1919 sammelte er fast alle seine Zeichnungen als Beleg seiner künstlerischen Entwicklung.

Für *Die Zwitscher-Maschine* wird Paul Klee wahrscheinlich einen für die damalige Zeit hohen Preis von gegen 500 Mark festgelegt haben, weil es ein großes und wichtiges Blatt ist. Vielleicht hat er das *Konzert auf dem Zweig* sogar aus finanzieller Überlegung zur *Zwitscher-Maschine* ausgearbeitet; für ein farbiges Blatt konnte er mehr verlangen als für eine Zeichnung.

Der Generalvertreter von Paul Klee

Der Münchner Kunsthändler Hans Goltz war der Generalvertreter von Paul Klee; der Künstler hatte ihm für die Zeit von Herbst 1919 bis Sommer 1925 das Alleinverkaufsrecht an seinen Bildern übertragen. Das heißt, Goltz war als einziger Kunsthändler berechtigt, die Bilder von Paul Klee auszustellen und zu verkaufen oder anderen Kunsthändlern und Museen für Ausstellung und Verkauf weiterzugeben. Paul Klee hatte diese Vereinbarung, wie er sagte, aus «Notwehr» abgeschlossen: Mit seiner zunehmenden Berühmtheit nämlich waren immer mehr Sammler, Kunsthändler und Ausstellungsmacher in sein Atelier gekommen, um Werke zu kaufen oder für Ausstellungen auszuwählen. Dadurch wurde Paul Klee allzu oft von seiner künstlerischen Arbeit abgehalten, die ihm doch das Wichtigste war.

Goltz erledigte nicht nur das Geschäftliche für Paul Klee, sondern garantierte ihm auch ein jährliches Einkommen von mindestens 15 000 Mark. Das entsprach damals etwa dem Lohn eines Hochschullehrers. Die Preise für seine Werke legte Paul Klee selbst fest. Für ein Gemälde löste er etwa 800 Mark, für ein farbiges Blatt zwischen 200 und 500 Mark und für eine Zeichnung mindestens 150 Mark. Goltz verkaufte die Bilder 25 % bis 40 % teurer, denn so viel beanspruchte er als Vergütung seiner Arbeit.

Goltz nahm alle Bilder, die Paul Klee veräußern wollte, in Kommission. Das heißt, er kaufte sie ihm nicht ab, sondern zahlte erst, wenn er sie auch tatsächlich verkauft hatte.

Die National-Galerie in Berlin kauft *Die Zwitscher-Maschine*

Die National-Galerie in Berlin, eines der bedeutendsten Museen in Deutschland, plante für Anfang 1923 eine Ausstellung mit Werken von Paul Klee. Ob der Direktor, Ludwig Justi, die Anfrage an Paul Klee direkt oder an seinen Generalvertreter Hans Goltz richtete, ist nicht überliefert. Paul Klee oder Hans Goltz kam mit dem Museum überein, vom Februar bis März 1923 insgesamt 270 Gemälde, farbige Blätter und Zeichnungen zu zeigen, die Paul Klee zwischen 1903 und 1922 geschaffen hatte. Die Zusammenstellung der Ausstellung besorgte Paul Klee selbst. Unter anderem wählte er *Die Zwitscher-Maschine* aus. Zur Ausstellung erschien weder ein Ausstel-

Worterklärung zu Seite 60:
Der Kunstkritiker
Der Kunstkritiker bespricht in Zeitungen, Zeitschriften und auch in Rundfunk und Fernsehen Werke der bildenden Kunst, das heißt Gemälde, Aquarelle, Zeichnungen, Druckgrafik, Skulpturen, Wandmalereien. Er versucht, mit seinen Informationen kritische Einsichten in die Kunst zu vermitteln. Im Gegensatz zum Kunsthistoriker befaßt sich der Kunstkritiker vor allem mit dem aktuellen Kunstschaffen. Er stellt Verbindungen zwischen den Künstlern, dem Kunsthandel und den Kunstsammlern her. Die Kunstkritik bestimmt wesentlich mit, ob ein Künstler oder eine Kunstrichtung Anerkennung findet oder nicht. Hauptthemen der Kunstkritik sind: Besprechung von Ausstellungen in Museen und Galerien; Kommentierung der kunstpolitischen Entscheide des Staates und der Situation des Kunsthandels.
In der Antike war die Kunstkritik eine Angelegenheit der Schriftsteller und Philosophen. Heute üben vor allem Journalisten den Beruf des Kunstkritikers aus.

Die Wirtschaftskrise

Die Wirtschaftskrise in Europa war eine Folge des Ersten Weltkriegs. Die kriegsführenden Länder deckten ihren ungeheuren Geldbedarf, indem sie ständig neues Geld druckten. Dies führte in Deutschland zur bisher stärksten Geldentwertung oder Inflation der Geschichte. Wer noch Geld hatte, legte es in Sachwerten an. Viele Betriebe mußten schließen; die Zahl der Arbeitslosen stieg sprunghaft in die Höhe. Die Wirtschaftskrise erreichte in Deutschland das größte Ausmaß in der Zeit zwischen Ende 1918 und Ende 1923.

Die (Inflations-)Mark

Die (Inflations-)Mark oder Papiermark ist die Einheit des deutschen Geldes, auch Währung genannt, zur Zeit der Wirtschaftskrise zwischen dem Ende des Ersten Weltkrieges im Jahre 1918 und der Stabilisierung der Währung im November 1923. Der Wert des Geldes sank täglich, in schlimmen Tagen sogar innert weniger Stunden. Am Tag der Stabilisierung der deutschen Währung war eine Billion Papiermark eine Goldmark wert, das heißt, 4,2 Billionen Papiermark hatten den Wert eines amerikanischen Dollars.

Der Bürokrat

Bezeichnung aus dem Französischen für einen übergenauen Menschen.

lungskatalog (Worterklärung auf Seite 70) noch eine Liste der ausgestellten Werke. Für beides war während der Wirtschaftskrise nicht genügend Geld vorhanden.

Die Berliner Zeitungen und die deutschen Kunstzeitschriften besprachen die Ausstellung mehrheitlich wohlwollend. *Die Zwitscher-Maschine* erwähnte ein Kunstkritiker anerkennend als «merkwürdiges» Blatt. Und er schrieb sogar, es sei «eine besonders tapfere und verdienstliche Tat der Museumsleitung gewesen», Klees Schaffen einer breiten Öffentlichkeit vorzustellen.

Nach der Ausstellung schrieb Ludwig Justi an Paul Klee, daß er für die National-Galerie gerne sieben der gezeigten Arbeiten kaufen möchte, dafür aber leider nur 3 500 000 (Inflations-)Mark zur Verfügung habe. Auf seiner Wunschliste stand auch *Die Zwitscher-Maschine*. Er rechnete wohl mit einem Entgegenkommen von Paul Klee. Das durfte er nach der Veranstaltung einer großen Ausstellung auch erwarten. Zudem war es für den damals noch wenig bekannten Künstler wichtig, in der Sammlung eines bedeutenden Museums vertreten zu sein. Paul Klee jedoch schlug das Kaufangebot aus. Er forderte im Bewußtsein seines Ranges einen angemessenen Preis. Er begründete seine Haltung damit, daß sich unter den Werken auch einige von «größerem (inneren) Kaliber» befanden. Er erklärte sich jedoch bereit, über den Ankauf von vier Bildern statt über sieben zu verhandeln, sofern die Ankaufsumme etwas erhöht würde.

Die Kaufverhandlungen zogen sich von Juni bis August 1923 hin. Sie gestalteten sich deshalb so schwierig, weil der Wert des Geldes von Brief zu Brief sturzartig sank. Paul Klee drängte deshalb mehrmals auf einen raschen Entscheid. Wie sehr sich der Wert des Geldes verminderte, zeigen folgende Zahlen: *Die Zwitscher-Maschine* war im Februar für die Ausstellung für einen Wert von 200 000 Mark versichert worden. Das erste Kaufangebot der National-Gale-

rie von Mitte Juni lautete auf 500 000 Mark. Ende August erstand sie das Werk für 15 000 000 Mark! Eine phantastische Summe auf dem Papier, in Wirklichkeit waren die Millionen schon nichts mehr wert, als Paul Klee sie ausgeben konnte.

An den Kauf knüpfte Paul Klee die Bedingung, daß die National-Galerie die Werke «auch öffentlich ausstellt, wie die Werke anderer Meister von Rang». Dem kam Ludwig Justi nach. Er gestand Paul Klees Bildern sogar eine ganze Wand in der Abteilung der modernen Kunst zu.

Der Verkauf ist für Paul Klee womöglich kein finanzieller, sicher aber ein moralischer Erfolg gewesen. Bis anhin hatten erst wenige Museen Werke von ihm erworben. Wohl mit einem gewissen Stolz vermerkte er in seinem Œuvre-Katalog die neue Besitzerin: «Nationalgalerie Berlin».

Der Œuvre-Katalog

Paul Klee legte 1911 ein Verzeichnis seiner bisherigen Werke an: «Und nun bin ich auch noch Bürokrat geworden, ‹indem daß› ich ein großes genaues Verzeichnis meiner sämtlichen künstlerischen Produkte von Kindheit an aufgeschrieben habe», hielt er in seinem Tagebuch fest. Diese Buchführung setzte er ohne Unterbruch bis an sein Lebensende 1940 fort.

Von jedem Werk, das er hergestellt hatte, notierte er in seinem Verzeichnis das Entstehungsjahr und eine fortlaufende Nummer, den Titel, die Technik und manchmal die Käuferin oder den Käufer. Die fortlaufende Nummer zeigte ihm an, wie viele Werke er im gleichen Jahr bereits geschaffen hatte. Dank diesem Verzeichnis, das er Œuvre-Katalog nannte, behielt er den Überblick über sein Schaffen. Auch *Die Zwitscher-Maschine* und *Konzert auf dem Zweig* trug er in seinem Œuvre-Katalog ein.

Ausschnitt aus dem Œuvre-Katalog von Paul Klee mit dem Eintrag von Herstellungsjahr, Titel, Technik und Bildträger zu Die Zwitscher-Maschine unter der Nummer 151. Rechts ist die Käuferin: «Nationalgalerie Berlin», vermerkt.

Die Werke von Paul Klee an der rechten Wand, Die Zwitscher-Maschine rechts außen, in der National-Galerie in Berlin um 1930.

Die Zwitscher-Maschine wird bekannt

Der Kunstschriftsteller

Der Kunstschriftsteller ist mehr Schriftsteller als Wissenschaftler. Er schildert das Leben und das Werk eines Künstlers oder einer Künstlerin in einer literarischen Form, zum Beispiel in einem Roman oder einer Novelle. Darin nimmt er sich die Freiheit heraus, die gesicherten Daten aus dem Leben des Künstlers mit Erfundenem zu ergänzen oder zu vermengen, ohne dies im Text kenntlich zu machen.

Der Kunsthistoriker dagegen hält sich in seiner Lebensbeschreibung eines Künstlers oder einer Künstlerin exakt an die Tatsachen und verweist mit Anmerkungen im Text auf die Quellen seiner Informationen.

Die Monografie

Eine Monografie ist eine grössere wissenschaftliche Darstellung über eine einzelne Person oder einen einzelnen Gegenstand. Es gibt zum Beispiel die Künstlermonografie über einen einzelnen Künstler oder die Werkmonografie über ein einzelnes Kunstwerk.

Die Nationalsozialisten

Nationalsozialisten, abgekürzt Nazis, werden die Mitglieder der Nationalsozialistischen Deutschen Arbeiterpartei (NSDAP) genannt. Die NSDAP war unter der Führung von Adolf Hitler vom Juli 1933 bis zur bedingungslosen Kapitulation des Dritten Reiches im Mai 1945 die einzige zugelassene Partei in Deutschland.

Paul Klee wurde in den zwanziger Jahren in Fachkreisen und bei Kunstinteressierten zunehmend bekannter. Seine Bilder waren nämlich auch ausserhalb von Deutschland ausgestellt, in der Schweiz, in Frankreich, der Tschechoslowakei und in Italien. Immer mehr Museen erwarben Werke von ihm. Dies führte dazu, daß ein grösserer Kreis von Kunstinteressierten seine künstlerische Bedeutung erkannte und sich mit seiner Kunst auseinandersetzte. Paul Klee galt bald einmal als einer der Hauptvertreter der modernen deutschen Kunst.

Den Höhepunkt seiner Anerkennung zu Lebzeiten erreichte Paul Klee als Fünfzigjähriger im Jahre 1929. Der Kunstschriftsteller und Freund von Klee, Will Groh-mann, veröffentlichte in jenem Jahr die dritte Monografie über den Künstler. Und der surrealistische Schriftsteller René Crevel in Paris schrieb ein Jahr später eine weitere Monografie. In beiden Büchern ist *Die Zwitscher-Maschine* groß abgebildet.

Ludwig Justi wies 1931 im Museumsführer (Worterklärung auf Seite 84) durch die National-Galerie erstmals auf die Verbindung der aquarellierten Ölfarbezeichnung zum Spielautomaten in der Musikabteilung des Deutschen Museums hin; Paul Klee hatte ihm davon erzählt.

Sogar in einem Buch über die Geschichte der modernen Kunst von 1938 ist *Die Zwitscher-Maschine* zu finden. Dies zeigt, wie bekannt das Bild damals schon war.

Die Entlassung von Paul Klee durch die Nationalsozialisten

Auch wenn Paul Klee in Fachkreisen also bekannt war, breite Kreise der Bevölkerung standen in den zehner und zwanziger Jahren seiner wie der modernen Kunst allgemein ablehnend gegenüber. Die neuen Formen und die starke Farbigkeit in den Bildern waren ihnen unverständlich. Paul Klee etwa wurde immer wieder vorgeworfen, seine Bilder seien kindliche Spielereien ohne jeglichen Wert. Einige nannten sie sogar das Produkt eines Geisteskranken.

Bis zu Beginn der dreißiger Jahre allerdings blieb es bei Beschimpfungen der Künstler und ihrer Werke. Erst die Nationalsozialisten gingen unmittelbar nach ihrer Machtergreifung am 30. Januar 1933 dazu über, die moderne Kunst – sie nannten sie «entartete Kunst» – zu unterdrücken und ihre Schöpferinnen und Schöpfer zu verfolgen. Sie jagten die modernen Künstler aus ihren Lehrämtern an den Kunsthochschulen und belegten sie mit Ausstellungs- und Malverbot. So ihrer Lebensgrundlage beraubt, waren Hunderte von Frauen und Männern der geistigen Elite in Deutschland gezwungen, ins Exil zu gehen; sie wanderten vor allem aus nach Frankreich, England, der Schweiz, in die nordischen Staaten und nach Amerika.

Paul Klee blieb von der «Säuberung» der Hochschulen durch die Nationalsozialisten nicht verschont. Er wurde am 21. April

1933 fristlos von seinem Lehramt an der Staatlichen Kunstakademie in Düsseldorf «beurlaubt» und auf den 1. Januar 1934 entlassen.

Auch Ludwig Justi wurde bereits fünf Monate nach der Machtergreifung der Nationalsozialisten von seinem Amt als Direktor der National-Galerie mit sofortiger Wirkung «beurlaubt». Und die Abteilung der modernen Kunst wurde danach neu eingerichtet. Kunstwerke, die den Nationalsozialisten mißfielen, wurden abgehängt und wanderten ins Depot. Darunter befand sich *Die Zwitscher-Maschine.*

Das Exil

Das Exil ist der feste Aufenthaltsort von jemandem, der sich aufgrund der unerträglichen politischen Verhältnisse in seiner Heimat entschlossen hat, sein Heimatland zu verlassen.

Blick in die Ausstellung «Entartete Kunst» in München mit den Werken von Paul Klee rechts des Durchgangs; in der Mitte der zweiten Reihe von unten hängt Die Zwitscher-Maschine.

«Entartete Kunst»

Die Nationalsozialisten bezeichneten mit diesem Begriff Kunstwerke der modernen Kunstrichtungen, vor allem des Expressionismus, des Dadaismus und des Kubismus. Als «entartete Kunst» oder «Verfallskunst» stuften sie alle Werke ein, die dem «gesunden deutschen Volksempfinden» widersprachen, die auf eine «Zerstörung der naturalistischen Form» hinausliefen und die «kein solides handwerkliches Können» aufwiesen. Die modernen Künstler beschimpften sie als Nichtskönner, klägliche Wichte, Kunstmißhandler, Gotteslästerer, prähistorische Kunststotterer, die nur Humbug, Frechheiten und Ausgeburten des Wahnsinns produzieren würden.

Unmittelbar nach der Machtergreifung am 30. Januar 1933 ließen die Nationalsozialisten moderne Kunstwerke aus den Museen abhängen und verspotteten sie in sogenannten «Schandausstellungen».

Nach der ersten Beschlagnahmung von Werken «entarteter Kunst» aus Museumsbesitz im Juni 1937 führten die Nationalsozialisten eine zweite, noch viel umfassendere von August bis November 1937 durch: insgesamt zogen sie an die 17 000 Werke von etwa 1400 Künstlern aus über 100 deutschen Museen ein; von Paul Klee allein waren es mehr als 100 Arbeiten. Mit einem Gesetz vom 31. Mai 1938 erklärten sie die Beschlagnahme der Werke nachträglich als rechtens. Gegen 5000 Bilder, die sie weder in der Ausstellung «Entartete Kunst» präsentieren noch ins Ausland verkaufen konnten, verbrannten sie im März 1939.

Die Verfemung und Beschlagnahmung der *Zwitscher-Maschine*

Die Verfemung

Verfemung ist ein bedeutungsgleiches Wort für Ächtung. Die Nationalsozialisten haben verboten, Bilder «Entarteter Künstler» in Museen und Galerien öffentlich auszustellen.

Die Beschlagnahmung

Beschlagnahmung bedeutet, daß die Nationalsozialisten ein Kunstwerk in amtlichem Auftrag aus der Sammlung eines Museums entfernt und zugunsten des Staates eingezogen haben.

Die Nationalsozialisten veranstalteten zur Verbreitung und Durchsetzung ihrer Diktatur und ihrer Ideen einer neuen Gesellschaft in großen und kleinen Städten Deutschlands Propaganda-Ausstellungen. Für eine solche Propaganda-Ausstellung im Deutschen Museum in München war Ende 1936 *Die Zwitscher-Maschine* als Beispiel «Entarteter Kunst» von der National-Galerie ausgeliehen worden. Die aquarellierte Ölfarbezeichnung war, obwohl von den Nationalsozialisten als Schund betrachtet, während der Ausstellung dennoch zum damals recht hohen Wert von 1000 Reichsmark versichert. Zum Vergleich: Ein Arbeiter verdiente im Monat etwa 200 Reichsmark, ein Angestellter zwischen 200 und 300 Reichsmark. Es mutet wie die Ironie des Schicksals an, daß *Die Zwitscher-Maschine* ausgerechnet im Deutschen Museum dem Gespött der Besucherinnen und Besucher ausgesetzt wurde – da, wo immer noch der alte Spielautomat stand, dem der Künster die Idee zu seinem Bild verdankte.

Zum endgültigen Schlag gegen die moderne Kunst holten die Nationalsozialisten Mitte 1937 aus. Anfangs Juni beschlagnahmten sie mehr als 600 Werke der «Verfallskunst», wie sie die moderne Kunst ebenfalls nannten. Die erste «Große Deutsche Kunstausstellung» bot ab Mitte Juli 1937 im Haus der Deutschen Kunst in München einen breiten Überblick über die Kunst, die der nationalsozialistische Staat förderte. Als Gegenveranstaltung dazu ließ der nationalsozialistische Reichsminister für Volksaufklärung und Propaganda, Joseph Goebbels, zur selben Zeit und in derselben Stadt die beschlagnahmte moderne Kunst in der Ausstellung «Entartete Kunst» an den Pranger stellen.

Unter den ausgestellten Werken befand sich auch *Die Zwitscher-Maschine.* Sie war von der Propaganda-Ausstellung im Deutschen Museum gar nicht mehr an die National-Galerie zurückgegeben, sondern direkt an die Ausstellung «Entartete Kunst» weitergereicht worden. Dort war sie, wie alle Werke der Ausstellung, möglichst schlecht präsentiert: Ausgerahmt und schief gehängt, war sie dicht bei dicht mit sieben weiteren Bildern von Paul Klee in einem schmalen Gang ausgestellt. Mit der unvorteilhaften Anordnung versuchten die Nationalsozialisten, die Bilder lächerlich zu machen. Die Besucherinnen und Besucher sollten in ihrer Ablehnung der modernen Kunst bestärkt werden, ja, sogar einen Haß auf die «Verfallskunst» entwickeln.

Viele reagierten in der Ausstellung auch tatsächlich so. Andere aber kamen, um von der verfolgten Kunst, die ihnen viel bedeutete, Abschied zu nehmen. Die Nationalsozialisten müssen *Die Zwitscher-Maschine* als besonders sprechendes Beispiel einer verachtenswerten Kunst angesehen haben. Sie haben von diesem Werk sogar eine Postkarte verkauft.

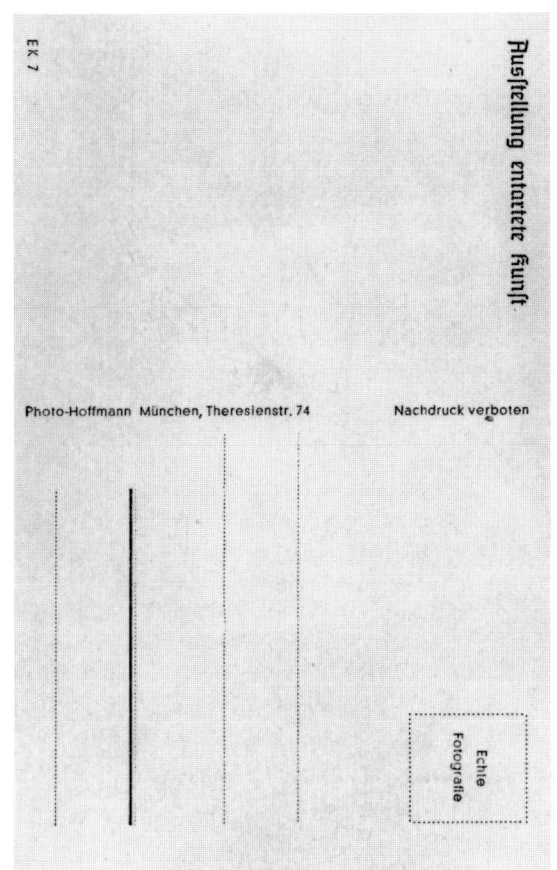

Die Postkarte von Die Zwitscher-Maschine.

Die «Verwertung» der *Zwitscher-Maschine*

Die Ausstellung «Entartete Kunst» wurde bis April 1941 in zwölf weiteren Städten in Deutschland und dem besetzten Österreich gezeigt. 1938 und 1939 war *Die Zwitscher-Maschine* in Berlin, Leipzig, Düsseldorf, Salzburg, Hamburg und Weimar noch mit dabei. Dann wurde sie für den Verkauf aus der Ausstellung abgezogen. Denn im Mai 1938 faßten die Nationalsozialisten den Entschluß, die wertvollsten der beschlagnahmten Werke ins Ausland zu verkaufen. Die Einnahmen aus diesen Verkäufen sollten den Museen, die durch die Beschlagnahmeaktion geschädigt worden waren, für die Erwerbung vor allem älterer deutscher Kunst zur Verfügung gestellt werden.

Entgegen dieser Beteuerung jedoch verwendeten die Nationalsozialisten den Großteil des Geldes für die Hochrüstung der deutschen Armee.

Die Nationalsozialisten setzten eine «Kommission zur Verwertung der Produkte entarteter Kunst» ein, die vier Kunsthändler mit dem Verkauf der Werke betraute. Einer von ihnen, Karl Buchholz in Berlin, interessierte sich besonders für die Bilder von Paul Klee. Die Nationalsozialisten wollten mit der Verkaufsaktion erreichen, «daß die Produkte der Verfallskunst endgültig der deutschen Öffentlichkeit entzogen werden». Buchholz durfte deshalb die Werke nicht an deutsche Sammler oder Kunsthändler

Das Museum of Modern Art in New York

Alfred H. Barr gründete 1929 mit dem Museum of Modern Art in New York das erste Museum für zeitgenössische Kunst. Es sammelt außer Gemälden, Aquarellen, Zeichnungen, Druckgrafik und Skulpturen auch Fotografien, Filme, Plakate, Möbel und Architekturzeichnungen, wofür sich die anderen Kunstmuseen vor Ende des Zweiten Weltkriegs kaum interessiert haben. Viele der bedeutenden Künstler der Moderne stellte es zum ersten Mal in einer Museumsausstellung dem amerikanischen Kunstpublikum vor, zum Beispiel Paul Klee im Jahre 1930. Das Museum of Modern Art ist heute immer noch eines der wichtigsten Museen für die Kunst des 20. Jahrhunderts.

Die Sammlungen

Das Wort bezeichnet den Bestand der Kunstwerke eines Museums. Die meisten Museen haben ihren Bestand nach der Gattung der Werke aufgeteilt: in die Gemälde- und Skulpturensammlung und in die Grafische Sammlung (Näheres dazu auf Seite 83). Museen werden auch «Öffentliche Sammlungen» genannt. Dem steht die «Private Sammlung» gegenüber (mehr dazu auf Seite 72).

abgeben. Dies war auch gar nicht nötig, da er in Curt Valentin einen Geschäftspartner in den Vereinigten Staaten von Amerika hatte. Dort lebten mehr kaufkräftige Sammler moderner Kunst als in Europa, das in einer wirtschaftlichen Krise steckte und von der Kriegsangst verunsichert war.

Bereits am 26. Oktober 1938 teilte Buchholz der Verwertungskommission ein Gebot aus den USA auf *Die Zwitscher-Maschine* mit. Die aquarellierte Ölfarbezeichnung wurde ihm am 7. Februar 1939 zum Preis von 120 Dollar, etwa 300 Reichsmark, zugesprochen. Ende März war Buchholz aber immer noch nicht im Besitz des Werkes, weshalb er sich erneut an die Verwertungskommission wandte: «Ich bitte Sie um die große Freundlichkeit, nach dem Aquarell zu forschen, damit ich die Lieferung vornehmen kann. Vielleicht befindet sich das Blatt noch auf einer Wanderausstellung entarteter Kunst.» Dies war tatsächlich der Fall. *Die Zwitscher-Maschine* wurde Anfang April aus der Ausstellung «Entartete Kunst» in Weimar abgezogen und Buchholz übergeben.

Damit war der Handel aber noch nicht perfekt. Wie sich herausstellte, hatte Buchholz im Februar versehentlich statt der *Zwitscher-Maschine* das Gemälde *Die Pauken-Orgel* von Paul Klee nach den USA gesandt. Zur Verwechslung kam es, «weil Titel und Dargestelltes bei diesen Bildern ja vielerlei bedeuten kann». Seinem Antrag auf die nachträgliche Bewilligung des Verkaufs der *Pauken-Orgel* wurde vom Geschäftsleiter der Verwertungskommission mit der Anweisung stattgegeben: «Weg mit Zwitschermaschine & Paukenorgel!»

Die Zwitscher-Maschine erreichte New York mit dem Schiff im Mai 1939. Curt Valentin bot sie einige Monate später dem Museum of Modern Art in New York zum Kauf an, schon damals eines der bedeutendsten Museen für zeitgenössische Kunst. Der Museumsdirektor Alfred H. Barr, der Paul Klee 1927 am Bauhaus in Dessau aufge-

sucht hatte, dürfte die aquarellierte Ölfarbezeichnung von seinem anschließenden Besuch der National-Galerie in Berlin her bereits gekannt und demnach um seine Bedeutung gewußt haben. Er zögerte jedenfalls nicht, das Bild Mitte Oktober zu erwerben. Zuvor schon hatte er ein weiteres beschlagnahmtes Werk von Paul Klee gekauft: *Um den Fisch.* Dieses Gemälde hatte ehemals der Staatlichen Gemäldegalerie in Dresden gehört.

Erfreut über den Verkauf berichtete Valentin an Lily Klee: «Mein Lieblingsbild – *Um den Fisch* aus der Gemäldegalerie in Dresden – ließ ich ins Museum of Modern Art einziehen. Ärgern Sie sich nicht, es ist sicher diesseits des Ozeans.»

Dieser Meinung waren auch Lily und Paul Klee: «Daß das Bild aus der Galerie von Dresden *Um den Fisch* ins Museum of Modern Art eingezogen ist, war uns eine große Freude. Nirgends könnte es besser hängen. Welch ein Glück, daß diese reine Kunst aus dem Kasernenhof heraus ist», schrieb Lily Klee an Valentin zurück.

Der Verkauf der «Entarteten Kunst» ins Ausland bewahrte zwar die Werke vor der Zerstörung. Denn was die Nationalsozialisten als «unverwertbar» hielten, verbrannten sie bereits im März 1939 im Hof der Berliner Hauptfeuerwache. Für die Künstler aber hatte diese Veräußerung kurzfristig auch ungünstige Auswirkungen, wie Lily Klee an Valentin berichtete: «Der völlige Museumsausverkauf in Deutschland hat uns natürlich auch geschadet.»

Das vor allem aus zwei Gründen: Paul Klee war am Erlös aus dem Verkauf «Entarteter Kunst» nicht beteiligt. Und die Billigangebote aus Deutschland beeinträchtigten den Verkauf seiner neuesten Werke, die erheblich teurer waren. Langfristig profitierte Paul Klee dennoch von der Verkaufsaktion der Nationalsozialisten: Seit er in wichtigen amerikanischen Sammlungen vertreten war, stieg die Nachfrage nach seinen Werken merklich an.

Die Zwitscher-Maschine erlangt Berühmtheit

Curt Valentin wurde innert zweier Jahre der erfolgreichste Vermittler von deutscher Kunst in den Vereinigten Staaten. Paul Klee war einer seiner Lieblingskünstler. Valentin veranstaltete drei Monate nach Paul Klees Tod in seiner New Yorker Galerie dann auch als erster eine breite Retrospektive mit 100 Bildern. Siebzehn davon hingen ehemals in deutschen Museen. Darunter befand sich *Die Zwitscher-Maschine,* die das Museum of Modern Art für die Ausstellung lieh. Wie sehr Klee von den Amerikanern geschätzt wurde, geht aus einer Liste der Klee-Sammlungen in den USA hervor: 1940 gab es mindestens 55 Privatsammlungen (Worterklärung auf Seite 72) und Museen, die insgesamt etwa 150 Werke von Klee besaßen.

Seit *Die Zwitscher-Maschine* im Museum of Modern Art in New York hängt, hat sie eine Bekanntheit erlangt wie kaum ein anderes Werk von Paul Klee. Sie verkörpert für viele den Inbegriff eines Klee-Bildes, weil sie viele Eigenschaften aufweist, die als kleetypisch gelten: zeichnerische Einfachheit, raffinierte und stimmungsvolle Farbgebung; einen witzigen, geistreichen und etwas surrealen Inhalt, der in seiner Mehrdeutigkeit die Phantasie anregt. *Die Zwitscher-Maschine* durfte deshalb in keiner großen Klee-Retrospektive fehlen; eine Ausstellung ist sogar nach diesem Werk benannt worden. Die aquarellierte Ölfarbezeichnung ist in zahlreichen Büchern über Paul Klee besprochen. Einige Zeitschriftenartikel behandeln nur gerade dieses Bild. Die Arbeit ist vielfach abgebildet: auf Postkarten, Postern oder Kalenderblättern. Ein Film ist der *Zwitscher-Maschine* gewidmet, worin der Spielautomat aus der Musikabteilung des Deutschen Museums in Aktion vorgestellt wird. Offenbar faszinierte der musikalische Gehalt der aquarellierten Ölfarbezeichnung auch andere Künstler: Vier Komponisten haben sich von diesem Bild zu Musikstücken anregen lassen.

Den besten Beweis für die Bekanntheit des Bildes liefert ein Cartoonist: Wenn er ein Kunstwerk karikiert, dann muß er davon ausgehen können, daß alle dieses Bild kennen. Das Werk hat demnach ein ganz populäres zu sein.

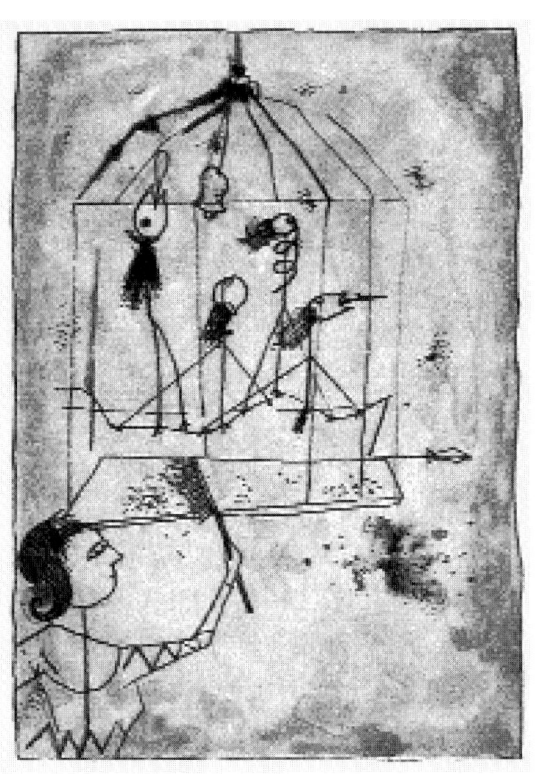

Unbekannter Cartoonist: «Frau Klee fegt den Vogelkäfig aus».

Die Retrospektive

Die Retrospektive, zu deutsch: Rückblick oder Rundschau, stellt das gesamte Schaffen eines Künstlers in ausgewählten Beispielen in einer Ausstellung vor. In der Regel wird eine Retrospektive aus Anlaß eines Geburts- oder Todestages, häufig auch unmittelbar nach dem Tod eines Künstlers veranstaltet.

Die Zwitscher-Maschine in Bild, Wort, Film und Ton

Bücher (Auswahl):
- Will Grohmann: «Paul Klee», Paris 1929, Abb. 13
- René Crevel: «Paul Klee», Paris 1930, S. 23
- Ludwig Justi: «Von Corinth bis Klee», Berlin 1931, S. 196–197
- Christian Zervos: «Histoire de l'art contemporain», Paris 1938, Abb. S. 396
- Will Grohmann: «Paul Klee», Stuttgart 1954, S. 200–201, Abb. S. 171
- Christian Geelhaar: «Paul Klee. Leben und Werk», Köln (Du Mont Taschenbuch 8) 1977, S. 46–47, 49
- Jürgen Glaesemer: «Paul Klee. Handzeichnungen II 1921–1936», Bern (Kunstmuseum) 1984, S. 29–30

Ausstellung:
«Zwitscher-Maschine» im Kunstmuseum Bern, 25.9.1987–17.1.1988, dazu der Katalog: «Paul Klee. Leben und Werk», herausgegeben von der Paul-Klee-Stiftung, Kunstmuseum Bern und dem Museum of Modern Art, New York

Film:
«Die Zwitschermaschine», vorgestellt von Laszlo Glozer, Bayrischer Rundfunk, München 1973 (58 Min., Farbe, Deutsch)

Musik (Auswahl):
- Giselher Klebe: «Die Zwitschermaschine. Metamorphose über das gleichnamige Bild von Paul Klee. Für Orchester», Berlin 1949
- Hermann Werner Finke: «Die Zwitschermaschine. Für 2 Flöten, Violine, Xylophon, Kontrabaß und Cembalo», 1966/67
- Al Payson: «The Twittering Machine. Für einen Schlagzeuger», Creative Music, Glenview, IL 1968
- R. Murray Schafer: «Minimusic. Übersichtsblatt», Universal Edition, Wien 1971

Eine Ausstellung entsteht

Das Schweizer Kunstmuseum Bern veranstaltete vom 17. August bis 4. November 1990 die Gedächtnis-Ausstellung «Paul Klee – Das Schaffen im Todesjahr». Gezeigt wurden 356 Gemälde, farbige Blätter und Zeichnungen. 55 000 Besucherinnen und Besucher haben die Ausstellung gesehen. Einer, der von Anfang bis zum Schluß an der Ausstellung mitgearbeitet hat, beschreibt, wie die Ausstellung entstand.

Damit dieser Betrachter das Werk Angelus militans *in der Ausstellung «Paul Klee – das Schaffen im Todesjahr» betrachten kann, haben ungefähr zwanzig Mitarbeiterinnen und Mitarbeiter zwei Jahre lang gearbeitet.*

Die Idee der Ausstellung

Der Anlaß zur Gedächtnis-Ausstellung war

Das Ausstellungskonzept

Im Ausstellungskonzept entwirft der Ausstellungsmacher stichwortartig den Inhalt und Umfang der Ausstellung: Welche Bilder werden ausgestellt? Wie werden die Ausstellungsräume gestaltet? Wer schreibt was im Katalog? Wie wird für die Ausstellung geworben? Werden während der Ausstellung Führungen veranstaltet, Vorträge gehalten und Filme gezeigt? Was kostet die Ausstellung?

Das Gesamtwerk

Der Begriff «Gesamtwerk» bezeichnet alle Werke, die ein Künstler in seinem Leben geschaffen hat. Im Falle von Klee umfaßt das Gesamtwerk sowohl die Gemälde, die farbigen Blätter und die Zeichnungen als auch die Handpuppen, die Plastiken, die Druckgrafiken, die Hinterglasbilder, die Fotografien und den schriftlichen Nachlaß.

Der Ausstellungskatalog

Im Ausstellungskatalog sind die ausgestellten Werke abgebildet und vielfach kommentiert. Oft schreiben darüber hinaus Wissenschaftler wie Kunsthistoriker, Historiker oder Literatur- und Sprachwissenschaftler einen Beitrag über einzelne Themenbereiche der Ausstellung. Ein Ausstellungskatalog kann ein Heft von wenigen Seiten sein oder ein Katalogbuch mit mehreren hundert Seiten. Der Katalog der Ausstellung umfaßt 303 Seiten. Er ist ein bleibendes Dokument der Ausstellung als auch das Resultat der wissenschaftlichen Beschäftigung mit dem Ausstellungsthema.

Der Anlaß zur Gedächtnis-Ausstellung war der 50. Todestag des Künstlers. Paul Klee starb am 29. Juni 1940. Weil die Paul-Klee-Stiftung im Kunstmuseum Bern die weltweit größte Klee-Sammlung besitzt, fühlte sich der Konservator und Leiter der Paul-Klee-Stiftung verpflichtet, mit einer Ausstellung an den Tod des Künstlers zu erinnern.

Im Sommer 1988, also gut zwei Jahre vor Ausstellungsbeginn, entwickelten der Konservator (er gibt im Interview ab Seite 83 Auskunft über seine Tätigkeit) und sein Assistent die Idee der Gedächtnis-Ausstellung und erarbeitete danach das Ausstellungskonzept. Da bereits 1987 in Bern eine Retrospektive von Klees Gesamtwerk gezeigt worden war, einigten sie sich darauf, nur Werke aus dem Todesjahr auszustellen; doch die möglichst vollzählig. Die Ausstellung sollte von einem gewichtigen Ausstellungskatalog begleitet werden.

Die Vorbereitungsarbeiten

Die Organisatoren: Für die Planung und Vorbereitung der Ausstellung war ein Ausstellungssekretariat eingerichtet worden. Ihm gehörten vier Mitarbeiterinnen und Mitarbeiter der Paul-Klee-Stiftung an: der Konservator und sein Assistent, eine wissenschaftliche Mitarbeiterin und eine Sekretärin. Ausstellungsleiter war der Konservator. Diese vier Personen erledigten die Hauptarbeit der Ausstellungsvorbereitung. Da sie daneben weiterhin ihre alltäglichen Aufgaben im Museum erfüllten, wurden für einzelne Arbeiten weitere Museumsangestellte und freie Mitarbeiter beigezogen. Insgesamt waren mehr als zwanzig Personen mit der Ausstellung beschäftigt.

Die Suche nach den Werken: Paul Klee hatte in seinem Todesjahr, vom 1. Januar bis zum 10. Mai 1940, insgesamt 366 Gemälde, farbige Blätter und Zeichnungen geschaffen, die er in seinem Œuvre-Katalog verzeichnete. Weitere zweiunddreißig Werke wurden nach seinem Tod im Atelier gefunden. Für die Ausstellung kamen also nicht ganz vierhundert Werke in Frage.

Die Organisatoren versuchten als erstes, die Besitzerinnen und Besitzer der Werke ausfindig zu machen. Dafür arbeiteten sie mit einer Kartei, die die Mitarbeiterinnen und Mitarbeiter der Paul-Klee-Stiftung in den vergangenen zwanzig Jahren über das Gesamtwerk von Klee angelegt hatten. Darin sind auch viele Bilder aus dem Todesjahr mit einer Fotografie und der Standortangabe dokumentiert.

Von den 398 Werken befinden sich 185 im Besitz der Paul-Klee-Stiftung und 65 im Besitz der Familien-Sammlung in Bern. Die restlichen annähernd 150 Werke sind auf über 80 Privatsammlungen und Museen in Europa, den Vereinigten Staaten und Asien verteilt. Von mehr als einem Dutzend Werke gab es 1988 allerdings noch keine Fotografie, und von mehr als 50 Werken waren auch die Besitzer unbekannt.

Es brauchte viel kriminalistischen Spürsinn, um in der zweijährigen Vorbereitungszeit diese Lücken zu schließen. Die Organisatoren sahen Hunderte von Ausstellungskatalogen durch und werteten Dokumente zum

Die Paul-Klee-Stiftung besitzt die meisten Werke des Todesjahres. Die Gemälde sind gerahmt an ausziehbaren Gittern im Gemäldedepot aufgehängt.

Die Zeichnungen und farbigen Blätter werden ungerahmt in Schachteln im Graphikdepot aufbewahrt.

An- und Verkauf von Werken durch Galerien und Kunsthandlungen in Europa und den USA aus. Enthielten sie einen Hinweis, hieß das noch lange nicht, daß die Besitzer auch erreichbar waren. Wenn sie in der Zwischenzeit verstorben oder umgezogen waren oder das Werk wieder verkauft hatten, begann die Suche von neuem. Bei der Sucharbeit brauchte es auch etwas Glück, um die gewünschten Informationen in Erfahrung zu bringen. So spürten die Organisatoren ein letztes Werk der Ausstellung erst drei Monate vor der Eröffnung in einem amerikanischen Provinzmuseum auf.

Für die Ausstellung legt der Magazinverwalter die Zeichnungen und farbigen Blätter in Wechselrahmen.

Die Privatsammlung

Privatpersonen haben, lange bevor es Museen gab, Kunstwerke gesammelt und bewahrt. Sie ermöglichen heute durch ihre Leihwilligkeit eine Vielzahl von Museumsausstellungen. Zudem bereichern sie, wenn sie Bilder schenken oder für längere Zeit ausleihen, die Museumssammlungen um wichtige Werke, die die Museen bei den hohen Preisen gar nicht mehr erwerben könnten. Dies führt dazu, daß der Bestand von Werken bekannter und älterer Künstler in Privatsammlungen und im Kunsthandel immer kleiner wird. Von Klee sind heute nur noch gut die Hälfte der etwa 9500 Werke, die er in seinem Leben geschaffen hat, in Privatbesitz.

Die Paul-Klee-Stiftung

Nach dem Tod von Paul Klee am 29. Juni 1940 verwaltete seine Frau Lily in Bern die hinterlassenen Kunstwerke alleine, da ihr Sohn Felix in Deutschland lebte. Unmittelbar nach dem Ende des Zweiten Weltkriegs unterzeichnete die Schweiz ein Abkommen, das bestimmte, daß deutsches Vermögen im Ausland zugunsten der Siegermächte Amerika, England und Frankreich eingezogen und verwertet werden müsse. Da Paul Klee als Deutscher starb und die Münchnerin Lily Klee das Schweizer Bürgerrecht auch nie erwarb, bestand beim Tod von Lily Klee die Gefahr der Beschlagnahmung und des Verkaufs aller Kunstwerke von Paul Klee. Um diese Gefahr zu bannen, kauften vier Sammler in Bern von Lily Klee wenige Tage vor ihrem Tod im September 1946 den gesamten künstlerischen Nachlaß. Für die etwas mehr als 5000 Werke des damals in der Allgemeinheit noch wenig geschätzten Künstlers zahlten sie total 120 000 Schweizer Franken – heute kostet ein einziges kleines Aquarell von Klee soviel. Am 30. September 1947 gründeten die vier Sammler die Paul-Klee-Stiftung und schenkten ihr mehr als 3000 Werke.

Nach der Übersiedlung von Paul Klees Sohn Felix mit seiner Familie von Deutschland nach Bern Ende 1948 machte dieser als Alleinerbe seine Ansprüche auf den gesamten künstlerischen Nachlaß geltend. Ein mehrjähriger Rechtsstreit zwischen Felix Klee und den vier Sammlern in Bern endete 1952/53 mit einer Vereinbarung: der Kaufvertrag zwischen den vier Sammlern und Lily Klee vom September 1946 wurde aufgelöst; Felix Klee anerkannte die Paul-Klee-Stiftung und den Großteil ihrer Sammlung als zu Recht bestehend; er erhielt die restlichen Werke aus dem künstlerischen Nachlaß und einen Teil der Werke von der Paul-Klee-Stiftung zugesprochen.

Die Paul-Klee-Stiftung ist seit Ende 1952 im Kunstmuseum Bern beheimatet. Bis 1952 besaß das Kunstmuseum Bern nur gerade vier Bilder von Paul Klee, unter anderem das Hauptwerk «Ad Parnassum» von 1932 (Seiten 7 und 39). Mit dem Zuwachs der Werke der Paul-Klee-Stiftung wurde das Kunstmuseum Bern zu einem der weltweit bedeutendsten Museen der modernen Kunst. Die Sammlung der Paul-Klee-Stiftung besteht aus zwei Teilen.

Der künstlerische Nachlaß umfaßt:
– 40   Gemälde
– 163   farbige Blätter
– 2253   Zeichnungen
– 10   Skizzenbücher
– 11   Skulpturen
– 28   Hinterglasbilder
– 89   druckgrafische Blätter

Der schriftliche Nachlaß umfaßt:
– das Manuskript der Tagebücher von 1898 bis 1918
– das Manuskript der Gedichte
– verschiedene Manuskripte für Vorträge und Buchbeiträge
– der handschriftlich geführte Œuvre-Katalog
– etwa 3000 Notizblätter zum Unterricht am Bauhaus

Bedeutende öffentliche Klee-Sammlungen im deutschsprachigen Raum:
– Basel: Kunstmuseum (ca. 110 Werke)
– Bern: Kunstmuseum/Paul-Klee-Stiftung (über 2500 Werke)
– Düsseldorf: Kunstsammlung Nordrhein-Westfalen (ca. 100 Werke)
– Hannover: Sprengel-Museum (ca. 75 Werke)
– München:
  – Städtische Galerie im Lenbachhaus (ca. 50 Werke)
  – Bayerische Staatsgemäldesammlungen (ca. 50 Werke)
– Wuppertal: Von der Heydt-Museum (ca. 40 Werke)
– Zürich: Kunsthaus (ca. 20 Werke)

Die Ausleihe: Nun mußten die Besitzer der Werke mit einem Brief über das Konzept und die Dauer der Ausstellung sowie die Leihwünsche informiert werden. Manchmal war eine Zusage aber erst im persönlichen Gespräch zu erreichen. Und natürlich gab es auch Absagen.

Das Kunstmuseum Bern schloß mit jedem Leihgeber, ob Privatsammler oder Museum, einen Leihvertrag ab. In Absprache mit ihnen wurde daraufhin der Transport organisiert und die Werke «von Nagel zu Nagel» versichert. Das heißt, jedes Bild wurde von dem Moment gegen jeglichen Schaden versichert, wo es in einer Wohnung oder einem Museum von der Wand abgehängt wurde, bis zum Zeitpunkt, wo es wieder an seinem angestammten Platz aufgehängt war.

Die Vorbereitung der Ausstellungsräume: Etwa einen Monat vor Eröffnung begannen die Mitarbeiter des Museums mit dem Aufbau der Ausstellung. Es war die Schlußphase der Vorbereitungen und zugleich die arbeitsintensivste Zeit. Was in den Jahren und Monaten zuvor geplant und in die Wege geleitet worden war, wurde nun innert weniger Wochen verwirklicht.

Drei Tage, nachdem die vorausgehende Ausstellung geschlossen hatte und abgebaut war, wurden die Ausstellungsräume bereits für die Klee-Ausstellung hergerichtet. Nach den Plänen des Ausstellungsleiters teilten die Mitarbeiter des technischen Dienstes, der Hauswart und sein Assistent, die Räume mit Stellwänden neu ein. Mit dieser Gliederung der Räume wurde der Ablauf und der Rhythmus der Ausstellung festgelegt.

Der Leihgeber, die Leihgeberin

Leihgeber oder Leihgeberin wird eine Privatperson, ein Museum oder eine Galerie genannt, die ein Werk für eine Ausstellung leihweise zur Verfügung stellt. Der Leihgeber oder die Leihgeberin bestimmt im Leihvertrag die Leihbedingungen.

Der Leihvertrag

Im Leihvertrag trägt die Leihgeberin oder der Leihgeber sowohl den Namen des Künstlers, den Titel, die Technik und die Maße als auch den Versicherungswert des zugesagten Werkes ein. Des weiteren vermerken Privatsammler und Galerien, wie sie im Ausstellungskatalog genannt sein wollen: mit ihrem Namen oder mit der Bezeichnung «Privatbesitz». Die Museen führen jeweils noch die Richtwerte für Temperatur, Luftfeuchtigkeit und Lichtstärke in den Ausstellungsräumen auf.

Der Assistent des Hauswarts, ein gelernter Maler, streicht die neu eingezogene Stellwand weiß.

Die Bilder treffen ein

Die Anlieferung der Leihgaben: Die Werke trafen in der vierten und dritten Woche vor Ausstellungseröffnung im Kunstmuseum ein. Der Hauswart des Kunstmuseums holte die Leihgaben aus Schweizer Museen und Privatsammlungen mit dem museumseigenen Lastwagen ab. Die Werke aus den ausländischen Privatsammlungen und aus einigen ausländischen Museen brachte eine Transportfirma, die auf den Transport von Kunstwerken spezialisiert ist. Die meisten Museen außerhalb der Schweiz liehen ihre Bilder nur unter der Bedingung, daß sie durch einen museumseigenen Kurier begleitet wurden. Der Kurier überwachte den Transport und kontrollierte den Zustand eines jeden Werkes bei Ankunft in Bern und beim Abtransport von Bern.

Die Kontrolle der Leihgaben: Der Magazinverwalter kontrollierte nach dem Auspakken des Bildes, ob Rahmen und Glas noch in Ordnung waren. Danach untersuchte die Restauratorin des Kunstmuseums Bern das Werk selbst auf Schäden und erstellte ein Zustandsprotokoll. Darin hielt sie ganz genau jeden noch so kleinen Mangel fest. So zum Beispiel Kratzer in der Farbschicht oder die gesprungene Farbschicht (Craquelé) eines Gemäldes. Wenige farbige Blätter und Zeichnungen wiesen kleine Risse im Papierrand auf.

Stellte ein Museum eine Leihgabe für die Klee-Ausstellung zur Verfügung, so war von einer Restauratorin oder einem Restaurator dieses Museums meistens schon vor dem Transport ein Zustandsprotokoll des

Sie werden vom Assistenten des Hauswarts zum Lastwagen getragen, wo die wissenschaftliche Mitarbeiterin der Paul-Klee-Stiftung jedes Werk auf einer Liste verzeichnet. Der Hauswart hinter ihr befestigt die gestapelten Bilder mit Seilen an der Seitenwand des Lastwagens.

Der Transport der Bilder

Es ist wichtig, daß die Werke während der Reise nur geringen Temperatur- und Luftfeuchtigkeitsschwankungen und nur schwachen Erschütterungen ausgesetzt sind. Bei kurzen Distanzen ist der speziell gefederte und klimatisierte Lastwagen das geeignetste Transportmittel. Bei großen Distanzen wird das klimatisierte Flugzeug wegen der kurzen Reisezeit dem Lastwagen vorgezogen. Die Bilder sind für längere Reisen auf dem Luft- oder Landweg in speziell angefertigte Kisten verpackt.

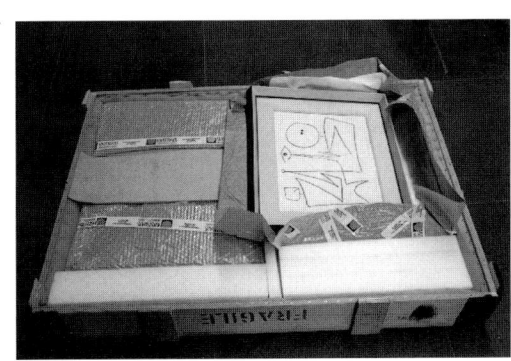

1 Die Werke sind für den Transport aus dem Ausland in speziell angefertigten Transportkisten verpackt.

2 Jede Kiste ist plombiert, damit der Inhalt während der Reise nicht ausgetauscht werden kann. Die Plombe darf nur in Anwesenheit eines Zollbeamten durchtrennt werden.

3 Unter dem Kistendeckel aus Holz…

4 …liegt ein dicker Karton zur Polsterung. Er bietet Schutz vor mechanischer Beschädigung.

5 In der Kiste liegen zwei Werke. Sie sind genau eingepaßt. Die weißen Streifen aus Styropor entlang der Längskante dämpfen die Erschütterungen während des Transports. Jedes Werk ist einzeln in Karton und Packpapier eingeschlagen.

6 Das Glas des Wechselrahmens ist mit Klebeband kreuzweise verklebt. Das verhindert, daß bei einem Glasbruch die Splitter auf das Werk fallen und dieses beschädigen. Um festzustellen, welches Werk es ist, muß das Klebeband entfernt werden.

7 Zum Vorschein kommt die Pastellzeichnung Seltsame Gemeinschaft aus einer Wiener Privatsammlung.

8 Der Zollbeamte kontrolliert, ob das Werk in den Zollpapieren aufgeführt ist.

Die Stellwand

Die Stellwand ist eine provisorische Zwischenwand, die in einem Ausstellungsraum mehr oder weniger frei verschoben werden kann. Sie kann vom Boden bis zur Decke reichen – und auch dort befestigt sein – oder, mit einer Stütze versehen, nur gerade zwei Meter hoch sein. Mit Stellwänden läßt sich ein großer Ausstellungsraum in kleinere Räume auf- oder in Nischen und Kojen unterteilen.

Der Kurier

Der Kurier begleitet den Transport eines Werkes aus einem Museum. Er überwacht den Transport und kontrolliert den Zustand des Werkes am Bestimmungsort. Als Kuriere reisen vor allem die Restauratorin oder der Restaurator, die Museumsdirektorin oder der Museumsdirektor sowie die Konservatorin oder der Konservator.

Der Magazinverwalter

Der Magazinverwalter ist zusammen mit dem Konservator der Gemäldeabteilung oder der Grafischen Sammlung für die sachgerechte Aufbewahrung der Werke im Gemälde- oder Grafikdepot verantwortlich. Zudem hilft er bei der Einrichtung von Ausstellungen mit. Magazinverwalter ist kein Beruf, den man erlernen kann. Vielfach wird die Tätigkeit von handwerklich geschickten Männern ausgeübt, die einen technischen Beruf wie Schlosser, Schreiner, Mechaniker erlernt haben.

Werks angefertigt worden. Der Kurier, der den Transport des Bildes begleitete, verglich bei der Ankunft in Bern dieses Zustandsprotokoll mit demjenigen der Restauratorin des Kunstmuseums Bern. Wäre ein Bild beim Ein- oder Auspacken oder während des Transports beschädigt worden, wäre ihnen das spätestens bei der Gegenüberstellung der beiden Zustandsprotokolle aufgefallen.

Die gleiche gründliche Kontrolle wie beim Hintransport wurde auch beim Rücktransport der Bilder durchgeführt.

Die Rückseite eines Bildes enthüllt seine Geschichte

Der Magazinverwalter führte über die Leihgaben der Klee-Ausstellung genau Buch. Was wem gehörte, entnahm er den Leihverträgen. Damit es ja zu keiner Verwechslung kam, klebte er auf die Rückseite jeder Leihgabe einen Zettel mit Angabe von Ausstellungsort, Werktitel und Eigentümer. In der Regel lassen die Eigentümer die Aufkleber nach der Ausstellung dran. Dies wohl auch deshalb, um die Geschichte des Werks zu dokumentieren: je häufiger ein Bild auf Ausstellungen gegeben wird, desto bekannter ist es. Einem bekannten Bild wird vielfach eine große Bedeutung zugesprochen. Und das schlägt sich beim Verkauf des Werkes in einem hohen Preis nieder.

Die Rückseite eines Gemäldes ist mit Aufklebern von Museen und Galerien übersät.

Die Restauratoren prüfen und setzen instand

Die Tätigkeit der Restauratoren in einem Kunstmuseum besteht in der Erhaltung, der Pflege und der Wiederherstellung von Kunstwerken. Um diese Arbeit richtig ausführen zu können, erforschen sie auch den technischen Aufbau und die Herstellungsweise der Werke.

Zur Erhaltung und Pflege zählen alle Maßnahmen, die zerstörerische Veränderungen an Kunstwerken verhindern und aufhalten. Solche Maßnahmen werden konservatorische Maßnahmen genannt. Restaurierung bedeutet, ein beschädigtes, entstelltes oder bruchstückhaftes Werk durch geeignete Maßnahmen und ohne Zerstörung des originalen Materials wieder zur Geltung zu bringen. Die Restauratoren schaffen im Gegensatz zu den Künstlern und Kunsthandwerkern also keine neuen Kunstwerke.

Die Restauratoren benötigen ein künstlerisches Einfühlungsvermögen, einen guten Farbsinn, große praktische Erfahrung und breite theoretische Kenntnisse. Das heißt, sie müssen über die Maltechniken, die naturwissenschaftlichen Untersuchungsmethoden, die Auswirkungen des Klimas auf die Kunstwerke sowie die Kunst- und Restaurierungsgeschichte sehr gut Bescheid wissen.

Die Ausbildung zur Restauratorin oder zum Restaurator dauert etwa sechs bis sieben Jahre. Sie umfaßt in der Schweiz oder in Deutschland ein Studium von vier Jahren mit einem einjährigen Vorpraktikum an einer höheren Fachschule für Gestaltung (Schweiz) oder einer Fachhochschule oder Hochschule (Deutschland). Die Ausbildung schließt mit der Prüfung des Diplomrestaurators ab.

Ob ein Bild ausleihbar ist, hängt von seinem Zustand ab. Wird ein Werk für eine Ausstellung angefordert, klärt die Restauratorin oder der Restaurator des Kunstmuseums den Erhaltungszustand ab und verfaßt darüber einen kurzen Bericht. Gestützt auf diesen Untersuchungsbericht entscheidet der Museumsdirektor über das Leihgesuch.

Ein Gemälde darf nur auf Reise gehen, wenn die Farbschicht und der Bildträger, das heißt die Leinwand, das Papier oder das Holz, in einem stabilen Zustand sind. Die Farbschicht darf weder aufstehende Farbschollen noch offene Risse (ein Craquelé) aufweisen. Ein Gemälde in einem unstabilen Zustand würde durch die Erschütterungen sowie die Temperatur- und Luftfeuchtigkeitsschwankungen während des Transports Schaden nehmen: die lose Farbschicht kann beispielsweise abblättern. Craquelé und aufstehende Farbschollen sind die sichtbarsten Schäden an einem Gemälde. Es gibt aber noch viele andere Schäden, die, von bloßem Auge kaum erkennbar, erst bei sorgfältiger Prüfung etwa unter der Lupe zum Vorschein kommen. Auch diese Schäden können ein Grund sein, ein Werk nicht auszuleihen.

Zur Aufgabe der Restauratorin im Kunstmuseum Bern gehört neben der Zustandbeschreibung auch die Instandsetzung schlecht erhaltener Bilder. Für die Klee-Ausstellung mußte sie ein Werk restaurieren.

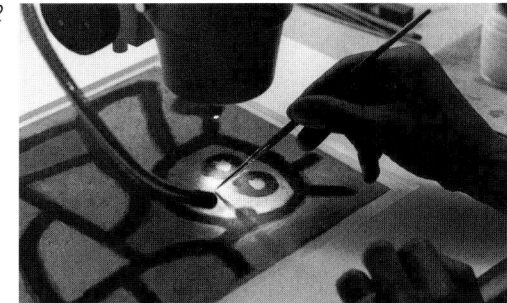

1 In einer Ecke des farbigen Blattes Figurine für einen Festzug *hat sich die Farbe vom Baumwolltuch gelöst. Die Restauratorin untersucht die schadhafte Stelle unter der Binokularlupe. Sie prüft mit einem Holzstäbchen, wie fest die Farbe noch auf dem Baumwolltuch sitzt.*

2 *Danach befestigt sie die lose Farbe mit einem Klebemittel. Das Klebemittel trägt sie mit einem dünnen Pinsel zwischen der Farbe und dem Baumwolltuch auf…*

3 *…und beschwert die Stelle mit einem Gewicht.*

4 *Zum Schluß kontrolliert sie, ob sie die Arbeit richtig ausgeführt hat.*

Der Ausstellungsaufbau

Das Hängen der Bilder: Nach der Kontrolle durch die Restauratorin verteilte der Ausstellungsleiter die gerahmten Zeichnungen, farbigen Blätter und Gemälde so auf die Ausstellungsräume, wie er sich dies auf einem Plan in seinem Konzept zurechtgelegt hatte. Dabei zeigte sich, daß Umstellungen unumgänglich waren. Zum einen beanspruchten die Werke doch mehr Platz, als er eingerechnet hatte. Zum andern waren Leihgaben so unterschiedlich gerahmt, daß sie nicht nebeneinander ausgestellt werden konnten. Umgerahmt werden durften sie meist nicht, weil die Leihgeber aus Sicherheitsüberlegung dagegen waren.

Sobald die Reihenfolge und die Abstände der Bilder in den einzelnen Räumen feststanden, konnten die 356 Werke gehängt werden. Die ganze Ausstellung wurde in lediglich zwei Wochen von zwei Magazinverwaltern gehängt. Die Bilder waren einheitlich auf eine Höhe von 135 Zentimeter (Bildmitte) ausgerichtet. Es hat sich nämlich gezeigt, daß die meisten Besucherinnen und Besucher, ob klein oder groß, diese Höhe als angenehm empfinden. Neben den Bildern waren die Bildetiketten sowie im Eingangsraum Texte und Fotografien zu Paul Klees Leben anzubringen.

1

2

3

1 Die Restauratorin prüft den Erhaltungszustand eines angelieferten Werks und erstellt darüber ein Zustandsprotokoll. Der Magazinverwalter verzeichnet gleichzeitig den Eingang des Bildes.

2 Die farbigen Werke sind auf die großen Ausstellungsräume verteilt. Die schräggestellten Bilder stehen auf Schaumgummistreifen, damit sie nicht rutschen. Im Vordergrund steht das Werk Figurine für einen Festzug.

3 Der Magazinverwalter hängt die Bilder, wie sie der Ausstellungsleiter gestellt hat. Er markiert die Stelle, wo er den Nagel einschlagen wird.

Wie Werke in der Ausstellung geschützt werden

Die Werke in einer Ausstellung müssen vor unachtsamer oder mutwilliger Beschädigung der Besucher, vor starkem Licht, vor dem Staub und vor der «nassen Aussprache» diskutierender Betrachter geschützt werden. Aus diesem Grund werden zum Beispiel Aquarelle und Zeichnungen fast immer unter Glas gezeigt. Seit einigen Jahren sind die Museen sogar dazu übergegangen, auch Gemälde unter Glas auszustellen. Diese Schutzmaßnahme kann für die Betrachter störend sein.

Ob und wie ein Werk geschützt werden soll, bestimmt der Besitzer. Erst für kleinformatige Werke gibt es allerdings Schutzvorrichtungen, die Besitzer und Betrachter gleichermaßen befriedigen. Sie sind teuer und setzten das Wissen voraus, welches Glas sich dafür am besten eignet.

Ungünstig ist gewöhnliches Glas, weil es spiegelt und bei Bruch das Werk gefährdet. Dagegen entstehen auf entspiegeltem Glas bei richtiger Hängung kaum störende Lichtreflexe. Es gibt auch speziell beschichtetes Glas, das die Ultraviolettstrahlen des Lichts kaum mehr durchläßt. Dadurch wird zum Beispiel das Ausbleichen der Farben und der Tinte sowie die Alterung des Papiers stark vermindert.

Bei großformatigen Werken wird nur Plexiglas verwendet, weil es unzerbrechlich ist und leichter als Glas. Wegen dieser Vorzüge werden auch alle Werke eines Museums, die auf Reise gehen, unter Plexiglas gerahmt oder mit einem Plexiglas geschützt. Leider hat Plexiglas den Nachteil, daß es spiegelt.

4

5

6

4 Er muß den Nagel präzise einschlagen, sonst hängt das Bild schief.

5 Sorgfältig hängt er das Bild in die Halterung ein.

6 Mit der Wasserwaage kontrolliert er, ob es auch tatsächlich gerade hängt. Danach installiert er die Diebstahlsicherung, was aus Sicherheitsgründen nicht dokumentiert werden darf.

Die Information der Besucher

Die Bildetikette

Auf der Etikette sind in der Regel der Name des Künstlers, der Titel, das Entstehungsjahr, die Technik, die Maße und die Besitzerin oder der Besitzer eines Werkes aufgeführt.

Die Öffentlichkeitsarbeit: Die Person der Abteilung Öffentlichkeitsarbeit im Kunstmuseum entwarf zusammen mit dem Ausstellungsmacher und einem Grafikerteam frühzeitig ein Werbekonzept. Schon Monate vor Ausstellungsbeginn wurde in vielen Museen ein Prospekt über die Ausstellung aufgelegt. Wenige Tage vor der Eröffnung wurden die Plakate ausgehängt und an ausländische Museen verschickt. Und während der Ausstellung machten Inserate in verschiedenen in- und ausländischen Zeitungen und Zeitschriften auf die Ausstellung aufmerksam.

1

2

Noch wichtiger als Prospekte, Plakate und Inserate war die Einladung der Medienleute am Vortag der Ausstellungseröffnung. Eine große und teure Ausstellung braucht eine Mindestbesucherzahl, damit die enormen Kosten wieder hereinkommen (siehe Kasten «Das Ausstellungsbudget»). Deshalb ist es von Bedeutung, daß Zeitungen, Zeitschriften, Fernsehen und Radio über die Ausstellung berichten. Der Einladung folgten etwa 60 Kunstkritikerinnen und Kunstkritiker von Schweizer und ausländischen Medien. Der Ausstellungsmacher erklärte ihnen das Ausstellungskonzept und führte sie durch die Ausstellung. Eine Stunde vor Beginn dieser Führung war auch der Katalog angeliefert worden, der an die Medienleute gratis abgegeben wurde.

Es ist keineswegs die Werbung allein, die den Erfolg einer Ausstellung garantiert. Aber eine gute Ausstellung über einen bekannten Künstler kann mit gezielter Werbung zu einem Publikumserfolg gemacht werden. Einen Einfluß auf die Besucherzahl hat auch die Jahreszeit. Ausstellungen während der heißen Sommermonate sind in der Regel schlechter besucht als im Herbst, Winter oder Frühjahr.

Nach dem Empfang der Medienleute wurde, ebenfalls am Vortag der Ausstellungseröffnung, das Aufsichtspersonal informiert. Der Ausstellungsleiter erklärte ihnen in einer Führung den Aufbau der Ausstellung, damit sie Besucherinnen und Besuchern Auskunft geben konnten. Zudem zeigte er ihnen, worauf sie bei großem Besucherandrang besonders achtgeben mußten.

1 Das Plakat wirbt für die Ausstellung.

2 Die Restauratorin putzt, während der Vorbesichtigung der Ausstellung durch die Leihgeber, die letzten Gläser der Wechselrahmen.

Das Ausstellungsbudget

Die Ausstellung vereinte wertvolle Werke. Deshalb fielen die Versicherungsprämien und die Transportkosten hoch aus. Sie machten fast die Hälfte der Gesamtkosten aus. Das wußten die Organisatoren schon, bevor sie die Ausstellung im einzelnen planten. Deshalb erstellten sie ganz zu Beginn ihrer Arbeit ein Ausstellungsbudget mit einer möglichst genauen Auflistung der anfallenden Ausgaben. Dabei zeigte sich, daß die Ausgaben nur mit einer sehr großen Besucherzahl aus den Eintritten und dem Katalogverkauf zu decken waren. Ob sich aber der gewünschte Erfolg auch tatsächlich einstellen würde, war ungewiß.

Die Organisatoren mußten also, wenn sie kein Risiko eingehen wollten, zusätzliche Einnahmequellen finden. Eine Bank unterstützte die Ausstellung mit einem Beitrag. Eine weitere Firma verpflichtete sich, einen allfälligen Verlust zu übernehmen. Diese Defizitgarantie wurde jedoch nicht beansprucht, weil die Ausstellung tatsächlich gut besucht war. Beide Unterstützungen nennt man Sponsoring. Den Firmen wurde dafür im Ausstellungskatalog an gut sichtbarer Stelle gedankt.

Insgesamt kostete die Klee-Ausstellung mehr als eine halbe Million Schweizer Franken. Davon entfielen etwa:

250 000.– auf Verpackung, Transport und Versicherung der Werke
180 000.– auf den Ausstellungskatalog
110 000.– auf die Gestaltung der Räume und die Öffentlichkeitsarbeit (Plakate, Anzeigen, Vernissage)

Hätte die Paul-Klee-Stiftung anstelle der 185 Bilder nur wenige Werke aus ihrem eigenen Besitz an die Ausstellung beisteuern können, wären die Ausstellungskosten wohl annähernd doppelt so hoch ausgefallen.

Ein Museumspädagoge diskutiert mit einer Schulklasse Bilder in der Ausstellung;

dann schreiben die Schülerinnen ihre Eindrücke über das Gemälde Augen in der Landschaft *auf...*

... und versuchen durch Nachzeichnen, das Werk besser zu verstehen.

Die Ausstellung erleben

Im Kunstmuseum war die museumspädagogische Abteilung damit befaßt, Besucherinnen und Besuchern die Klee-Ausstellung näherzubringen. Sie veranstaltete dreimal pro Woche eine öffentliche Führung, an der Interessierte unentgeltlich teilnehmen konnten. Und für Jugendliche war jeweils am Sonntag morgen ein eigener Workshop angesagt. Hier lernten sie in spielerischer Weise die Bildwelt von Paul Klee kennen.

Das Gemäldedepot

Alle Gemälde, nicht nur die von Paul Klee, werden im Kunstmuseum getrennt von den Arbeiten auf Papier (farbige Blätter, Zeichnungen und Druckgrafik) in einem großen Raum aufbewahrt. Dieser Lagerraum ist klimatisiert, das heißt, die Luftfeuchtigkeit und die Temperatur in diesem Raum sind ziemlich konstant gehalten. Als Schutzraum ist er besonders stabil und einbruchsicher gebaut.

Das Grafikdepot

Im Grafikdepot werden neben den farbigen Blättern, den Zeichnungen und der Druckgrafik von Paul Klee auch alle andern Arbeiten auf Papier des Kunstmuseums gelagert. Was nicht ausgerahmt in den Schachteln im Regal untergebracht werden kann, hängt gerahmt – wie die Gemälde im Gemäldedepot – an einem ausziehbaren Gitterrost. Das Grafikdepot ist wie das Gemäldedepot klimatisiert und als Schutzraum gebaut.

Der Wechselrahmen

Der Wechselrahmen besteht aus einem Rahmengestell aus Metall-, Plastik- oder Holzleisten und einem darin eingelegten Glas oder Plexiglas. Die Rahmenrückwand aus Plastik, Karton oder Holz wird nicht wie beim gewöhnlichen Holzrahmen mit Nägeln am Rahmengestell fixiert, sondern mit Schrauben oder Klammern. So kann sie zum Auswechseln des Bildes leichter entfernt werden.

Die Vernissage

Vernissage ist ein französisches Wort und bedeutet eigentlich «Lackierung». Früher war damit das Lackieren (Firnissen) eines Gemäldes bezeichnet: Nachdem der Künstler das Bild beendet hatte, trug er – oft erst am Abend vor einer Ausstellungseröffnung – im Beisein von geladenen Freunden einen Lack (Firnis) auf das Gemälde auf. Dieser Firnis schützte die Farbschicht vor Verschmutzung. Heute hat der Begriff «Vernissage» die übertragene Bedeutung von Eröffnung oder Vorbesichtigung einer Kunstausstellung.

Die Vernissage: Der Eröffnungstag war in zwei Veranstaltungen unterteilt: Am späteren Morgen waren die Leihgeberinnen und Leihgeber zu einer Vorbesichtigung der Ausstellung mit anschließendem Mittagessen eingeladen. Dies als Zeichen der Dankbarkeit für ihr Mitwirken an der Ausstellung. Am Abend fand dann die eigentliche Vernissage mit etwa 500 Gästen statt. Der Anlaß war von einem traurigen Ereignis überschattet. Felix Klee, der die Ausstellung als Redner hätte eröffnen sollen, war drei Tage zuvor völlig unerwartet gestorben. So wurde die Eröffnungsfeier der Gedächtnisausstellung zum 50. Todestag von Paul Klee auch zum Gedenktag an seinen Sohn Felix.

Der Ausstellungsmacher (links vor dem Rundbogenfenster stehend) gibt den Vernissagegästen eine Einführung in die Ausstellung.

Fragen an den Konservator

Am Tag nach der Eröffnung der Ausstellung ist die Hektik der letzten Monate und Wochen dem ruhigeren Museumsalltag gewichen. Jetzt hat der Ausstellungsmacher endlich Zeit, in einem Gespräch auf seine Aufgaben am Museum einzugehen. Und er sagt auch, was er mit der Klee-Ausstellung erreichen möchte.

Sie sind der Konservator der Paul-Klee-Stiftung und der Grafischen Sammlung im Kunstmuseum Bern. Was macht ein Konservator?
Die Berufsbezeichnung «Konservator» leitet sich vom lateinischen Begriff «conservare» her, was so viel bedeutet wie «bewahren». Eigentlich bin ich ein Bewahrer. In Wirklichkeit teilt sich meine Arbeit heute in drei wichtige Tätigkeiten auf: in die Erhaltung und die wissenschaftliche Bearbeitung der Kunstwerke sowie in die Erweiterung der Sammlung.
In meiner ersten Aufgabe bin ich für die Erhaltung der Kunstwerke verantwortlich. Das heißt, ich sorge dafür, daß die Werke richtig gelagert und ausgestellt werden.

Kann man Bilder auch falsch ausstellen?
Und wie! Aquarelle oder Tintezeichnungen auf Papier zum Beispiel dürfen höchstens ein halbes Jahr ohne Unterbruch ausgestellt sein. Sonst altert das Papier auch bei schwachem Kunstlicht sehr schnell – es wird gelblich oder bräunlich und brüchig. Und die Aquarellfarben oder die Tinte bleichen aus. Auch Öl- und Pastellfarben verblassen, wenn die Gemälde starkem Licht ausgesetzt sind.
Doch zurück zur Eingangsfrage. In meinem ersten Tätigkeitsgebiet entscheide ich auch, ob Werke aus unserem Museum für Ausstellungen in andere Museen ausgeliehen werden. In meiner zweiten Aufgabe beschreibe ich ausgewählte Kunstwerke der Grafischen Sammlung für den geplanten Sammlungskatalog. Und in meiner dritten Aufgabe bemühe ich mich, unsere Sammlung von Bildern zu mehren. Ich versuche, einige Lücken zu schließen und Sammlungsschwerpunkte aufzubauen.

Wie wird man überhaupt Konservator?
Das ist von Land zu Land verschieden. Normalerweise hat der Konservator oder die Konservatorin eines Kunstmuseums – es gibt viele Frauen in unserem Beruf – an der Hochschule Kunstgeschichte studiert und meist mit dem Doktorexamen abgeschlossen. An einigen Hochschulen außerhalb der Schweiz wird sogar ein spezieller Studiengang für angehende, leitende Museumsmitarbeiter angeboten. Die Befähigung zum Konservator gewinnt man in der Regel durch eine mehrjährige Tätigkeit als wissenschaftlicher Museumsmitarbeiter.

Sie haben die große Ausstellung «Paul Klee – Das Schaffen im Todesjahr» gestaltet. Haben Sie die Ausstellung nur so nebenher gemacht?
Nein, ganz im Gegenteil! Ich habe mich in den letzten Monaten praktisch nur mit der Ausstellungsorganisation beschäftigt.
Seit ungefähr zehn Jahren ist das Interesse der Menschen an der Kunst stark angestiegen. Dem kommt das Museum mit mehr Ausstellungen und einem größeren Angebot von museumseigenen Büchern entgegen. Neben Sammlungskatalogen, Museumsführern und kleinen Ausstellungskatalogen veröffentlichen wir heute auch Katalogbücher, Ausstellungsführer und Lehrbücher für den Kunstunterricht. Der Ausstellungsbetrieb hat im Museumsalltag ein solches Gewicht erhalten, daß sich meine Tätigkeit als Konservator immer mehr von der Betreuung der Grafischen Sammlung hin zum Ausstellungsmachen ver-

Die Grafische Sammlung
Die Kunstwerke des Kunstmuseums Bern werden, wie in fast allen anderen Kunstmuseen auch, nach Gattungen getrennt aufbewahrt und verwaltet: die Gemälde- und Skulpturenabteilung umfaßt, wie der Name besagt, die Gemälde, Skulpturen und Plastiken. Insgesamt etwa 2800 Werke. Die Grafische Sammlung umfaßt alle Arbeiten auf Papier, das heißt die farbigen Blätter, die Zeichnungen und die Druckgrafik sowie alle Fotografien und Künstler-Videobänder. Insgesamt etwa 40 000 Werke. Beiden Abteilungen steht je ein Konservator vor. Die Paul-Klee-Stiftung ist eine Unterabteilung der Grafischen Sammlung.

Der Sammlungskatalog
Der Sammlungskatalog der Grafischen Sammlung ist ein wissenschaftliches Buch, worin die bedeutendsten Bilder dieser Sammlung abgebildet und mit den wichtigsten Daten beschrieben sind. Er gibt Auskunft auf folgende Fragen: Welcher Künstler hat das Werk gemacht? Mit welchen Farben und auf welches Material hat der Künstler das Bild gemalt oder gezeichnet? Wann und warum hat er es geschaffen? Wie groß ist es? Was stellt es dar? Wer waren die Besitzer und wie lange haben sie das Bild besessen? Wo und wann war es ausgestellt? Wer hat bereits wieviel über das Bild geschrieben?

Der Museumsführer

Im Museumsführer sind jene Kunstwerke abgebildet und beschrieben, die ständig im Museum ausgestellt sind. Er vermittelt den Besucherinnen und den Besuchern auf ihrem Rundgang durch das Museum über die Daten auf den Etiketten hinaus weiterführende Angaben zu den einzelnen Werken. Die Texte im Museumsführer sind deshalb, im Unterschied zum Sammlungskatalog, kurz und leicht verständlich gehalten.

Der Ausstellungsführer

Der Ausstellungsführer ist eine stark gekürzte Ausgabe des Ausstellungskatalogs, die billig abgegeben wird. Er enthält einen allgemeinen, leicht lesbaren Text zum Ausstellungsthema und eine Auswahl von Farbabbildungen der ausgestellten Werke. Er wird als Alternative jenen Besucherinnen und Besuchern angeboten, denen der Ausstellungskatalog oder das Katalogbuch mit den wissenschaftlichen Beiträgen zu umfangreich oder zu teuer ist.

Der Werkkatalog

Im Werkkatalog, auch Œuvrekatalog oder catalogue raisonné genannt, sind alle Werke, die ein Künstler in seinem Leben geschaffen hat, wie in einem Sammlungskatalog beschrieben und meist auch vollzählig abgebildet. Der Werkkatalog dient in erster Linie Kunsthistorikern und andern Wissenschaftlern als Arbeitsinstrument.

lagert. Obwohl mich die Ausstellungsorganisation sehr interessiert, leidet meine eigentliche Arbeit unter dieser zusätzlichen Belastung.

In Ihrer Ausstellung «Paul Klee – Das Schaffen im Todesjahr» haben Sie von den 398 Bildern, die Paul Klee 1940 geschaffen hat, 356 ausgestellt. So viele Bilder können die Besucher bei einem einzigen Ausstellungsbesuch doch gar nicht aufnehmen. Was bezwecken Sie mit der Ausstellung?
Die Ausstellung soll einen Einblick in die enorme Arbeit des Künstlers vier Monate vor seinem Tod vermitteln. Klee gestaltete in dieser Zeit häufig schwermütige Themen, aber auch erstaunlich viele humorvolle und heitere Szenen. Es ist, als habe er in seinen Bildern Tagebuch darüber geführt, was ihn in den letzten Lebensmonaten bewegte: die Bedrohung durch den Zweiten Weltkrieg, das Wissen um den nahen Tod, die Schmerzen seiner Krankheit, die Vorstellung über das Leben nach dem Tode, wie es die Dichter in der antiken griechischen Literatur beschrieben haben, die Komik des Alltags und der Drang zum Arbeiten.
Paul Klee malte und zeichnete seit 1939 soviel wie nie zuvor, im Durchschnitt gut drei Werke pro Tag. Beeindruckend ist zudem, wie er noch in seinen letzten Bildern neue Maltechniken ausprobierte und einen neuen Zeichenstil entwickelte.
Das will ich den Besucherinnen und Besuchern vor Augen führen. Und das kann ich nur, wenn ich möglichst viele Bilder zeige.

Wäre es da nicht vernünftiger gewesen, statt einer großen Ausstellung, die nur zweieinhalb Monate zu sehen ist, ein Buch über das gleiche Thema herauszugeben?
Ausstellung und Buch sind zwei völlig verschiedene Möglichkeiten, ein Thema zu vermitteln. Das Buch ist keine Alternative

zur Ausstellung: Es enthält lediglich Abbildungen; in der Ausstellung jedoch sehen die Besucher die Originale. Und die sind durch nichts zu ersetzen. Nur vor dem Original kann ich die wirkliche Ausstrahlung eines Werks erfahren. Nur vor dem Original werden die Größe, die Farben und Formen eines Bildes zum Erlebnis.
Oft ist die Ausstellung der Anlaß, ein Buch herauszugeben. So ist es auch mit der Klee-Gedächtnis-Ausstellung. Zur Ausstellung selbst haben wir ein Katalogbuch mit vielen farbigen Abbildungen der gezeigten Werke gemacht, das vor allem während der Ausstellungsdauer verkauft wird. In Ergänzung dazu werden wir nach der Ausstellung sämtliche Gemälde, farbigen Blätter und Zeichnungen des Jahres 1940 in einem Werkkatalog veröffentlichen.

Von den 398 Werken des Jahres 1940 fehlen in der Ausstellung 42. Warum ist das so?
Wir haben es in der zweijährigen Vorbereitungszeit sogar geschafft, alle 398 Werke mit einer Abbildung zu dokumentieren. Fünf Werke sind aber in einem derart schlechten Zustand, daß sie für die Ausstellung nicht erhältlich waren. Von weiterer etwa 25 Werken haben wir die Besitzer trotz intensiver Nachforschungen nicht ermitteln können. Und die restlichen haben wir nicht ausgestellt, weil sie allzu skizzenhaft und unfertig sind.
Daß wir jetzt von allen 398 Werken eine Abbildung besitzen, ist übrigens ein weiterer Gewinn der Ausstellung. Sie ermöglichte es, uns längere Zeit mit einem Thema wissenschaftlich auseinanderzusetzen.

Das von Ihnen angestrebte Erlebnis vor den Originalen stellt sich nicht von alleine ein. Im Gegenteil! Wie die Werke von den Betrachtern gesehen und aufgenommen wer-

den, hängt stark davon ab, wie Sie die Bilder ausstellen. Arbeiten Sie ähnlich wie ein Theater- oder Filmregisseur?

Dieser Vergleich ist gar nicht so schlecht. Dennoch sehe ich einen wesentlichen Unterschied: der Ausstellungsmacher arbeitet mit «stehenden Bildern», der Regisseur hingegen mit «lebenden Bildern». Doch der Regisseur wie der Ausstellungsmacher setzen in der Tat etwas in Szene, sie inszenieren.

Und wie haben Sie die Ausstellung inszeniert?

Mir ist es sehr wichtig, daß die Besucherin und der Besucher in der Ausstellung nicht sich selbst überlassen sind. Ich sehe meine Aufgabe als Ausstellungsmacher darin, sie durch die Ausstellung zu führen, ohne daß es ihnen groß auffällt. Das heißt, meine Inszenierung muß den Besuchern eine Art versteckte Orientierungshilfe bieten. Deshalb habe ich die Ausstellung in drei Teile gegliedert: der erste Teil besteht aus dem Eingangsraum. Hier wird mit Fotografien und Texttafeln der Mensch und Künstler

1 Der Eingangsraum der Ausstellung. Rechts vom Haupteingang ist die letzte Porträtaufnahme von Paul Klee vom Dezember 1939 zu sehen. Links vom Haupteingang ist eine stark vergrößerte Signatur von Paul Klee aus dem Jahre 1940 direkt auf die Wand übertragen. Entlang der linken Längswand sind Fotografien seiner Freunde ausgestellt.

2 In den kleinen, niedrigen Räumen der Ausstellung hängen die Zeichnungen dicht bei dicht.

3 In den großen, hohen Räumen mit den Gemälden und farbigen Blättern kann sich die Betrachterin in das Werk Angelus militans vertiefen, ohne daß ihre Aufmerksamkeit durch das Bild Tod und Feuer abgelenkt wird.

Die Inszenierung

Eine Ausstellung zu inszenieren heißt, den Besucherinnen und den Besuchern durch die gezielte Ausstellungsgliederung und die Anordnung der Bilder etwas mitzuteilen, was das einzelne Werk selbst nicht ohne weiteres vermittelt. So kann zum Beispiel die Ausstellung Gemeinsamkeiten oder übergreifende Themen zwischen Werken herausarbeiten oder den Bildinhalten einzelner Werke eine neue Bedeutung geben.

Paul Klee vorgestellt; wie er aussah, wie er lebte und arbeitete, wofür er sich interessierte und mit welchen anderen Menschen er verkehrte. Natürlich können die Besucher die Kunstwerke betrachten, ohne das Leben von Paul Klee zu kennen. Wer aber um seine Krankheit oder seine Lieblingsbücher weiß, wird vielleicht einige Bilder anders deuten. Oder sie werden besser verstehen, warum in den Bildern mehrmals das Thema des Todes vorkommt oder dasjenige der griechischen Sagen über die Unterwelt.

Der zweite und dritte Teil enthält die Werke selbst: die Zeichnungen in den kleinen Räumen, die Gemälde und farbigen Blätter in den großen Räumen. Da sowohl Teil zwei wie drei vom Eingangsraum zugänglich sind, können die Besucher frei wählen, was sie zuerst sehen wollen. Die Werke sind in beiden Teilen in etwa in der Reihenfolge gehängt, wie sie Paul Klee im Jahre 1940 gemalt oder gezeichnet hat. Durch diese Anordnung sehen die Besucherin und der Besucher eher, wie Paul Klee mit der Zeit seine Art, zu malen und zu zeichnen, und seine Formensprache verändert hat. Sie können so den Gestaltungsprozeß des Künstlers einigermaßen nachvollziehen.

Warum haben Sie die Zeichnungen so dicht beieinander gehängt?

Ich will darauf aufmerksam machen, daß Paul Klee ein Thema häufig in einer Bildfolge behandelte. Ich betone damit den Zusammenhang der Werke untereinander und weniger das einzelne Werk selbst.

Dagegen sind die Gemälde und farbigen Blätter locker gehängt. Hier sollen sich die Betrachterinnen und Betrachter stärker mit dem einzelnen Bild und nicht mit einer Bildfolge auseinandersetzen. Aber auch da habe ich durch die Art der Anordnung Schwerpunkte gesetzt: Bilder, die ich als

1

2

1 Die farbigen Blätter im dritten Teil der Ausstellung geben ein Beispiel für eine symmetrische Anordnung.

2 Dieses Werk wurde von der Restauratorin instand gesetzt (mehr dazu im Kasten «Die Restauratoren prüfen und setzen instand»). Rechts vom Rahmen ist die Bildetikette angebracht. Sie führt Titel, Technik, Maße und Besitzer des Werkes auf.

wichtig ansehe, habe ich hervorgehoben, indem ich sie beispielsweise in der Mitte einer Wand plazierte.

Es fiel mir auf, daß Sie fast ganz auf erklärende Texte zu den Bildern verzichten.
Den Mittelpunkt der Ausstellung sollen die Werke von Paul Klee bilden. Ich will nicht, daß die Besucherin und der Besucher durch zu viele Texte abgelenkt werden. Ein Minimum an Information ist aber nötig, damit sie die Ausstellung ohne Ausstellungskatalog verstehen. Deshalb habe ich außer den Bildetiketten in jedem Ausstellungsraum einen Kurztext mit Erklärungen zu Paul Klees Arbeitsweise angebracht.

Haben Sie die Angaben auf den Bildetiketten und den Texttafeln selbst geschrieben?
Nein, das erledigte die Sekretärin der Paul-Klee-Stiftung. Die Angaben für die Bildetiketten konnte sie dem «Verzeichnis der ausgestellten Werke» im Ausstellungskatalog entnehmen. Lediglich die Erklärungen zu Paul Klees Arbeitsweise für die Texttafeln habe ich ihr entworfen.

An Ihrer Ausstellung werden Sie jetzt nach der Eröffnung sicher nichts mehr ändern. Wann werten Sie die Ausstellung als Erfolg?
Wenn die Besucherin und der Besucher das Museum irgendwie verändert verlassen.

Bilder aus dem Leben von Paul Klee

1922: Der 43jährige Paul Klee posiert in seinem Atelier im Staatlichen Bauhaus in Weimar.

Jugend in Bern (1879–1898)

1

2

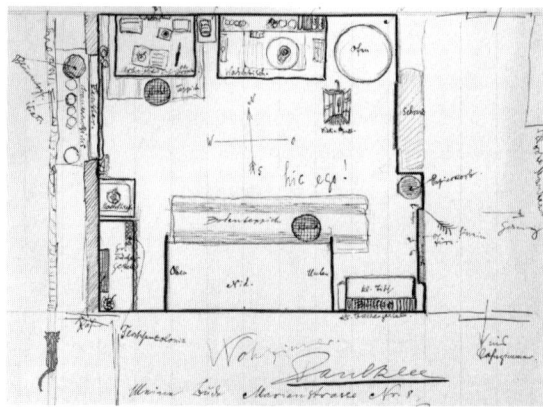

3

4

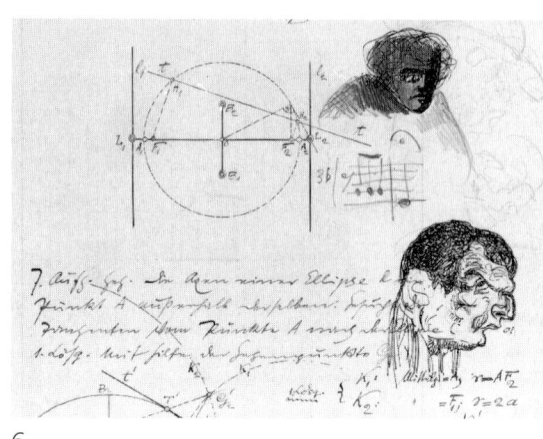

5

6

1
1892: Paul Klee mit dreizehn Jahren.

4
1893: Als Paul Klee dieses ausdrucksvolle Porträt seiner Mutter zeichnete, war er erst 14jährig.

2
1896: Meine Bude. Der 17jährige Paul Klee zeichnete diese Ansicht seines Zimmers in der elterlichen Wohnung an der Marienstraße 8 in Bern mit großer Genauigkeit.

5
1884: Der fünfjährige Paul Klee mit seiner drei Jahre älteren Schwester Mathilde.

3
1897: Kurz vor dem Umzug der Familie in das Haus am Obstbergweg 6 skizzierte Paul Klee auch den Grundriß seines Zimmers an der Marienstraße. Er hielt aus der Vogelschau sämtliche Details fest. Sogar die Katze auf dem Fenstersims des angrenzenden Wohnzimmers (unten links) fehlt nicht. «Hic ego» (lateinisch: «hier bin ich») steht deutlich neben der Windrose.

6
1898: Eine Seite aus dem Schulheft Analytische Geometrie des Gymnasiasten Paul Klee. Oben kritzelte er den Kopf des Komponisten Ludwig van Beethoven, darunter den Anfang von dessen fünfter Symphonie. Im Kopf unten karikierte er vermutlich einen seiner Lehrer.

Ausbildung und frühe Schaffenszeit in München (1898–1921)

1

2

3

4

5

6

1

1921: Das Atelier von Paul Klee im Schlößchen Suresnes in München. Auf dem Regal über dem Sessel ist seine Steinsammlung zu sehen.

4

1908: Paul Klee fotografierte seine Familie in den Sommerferien vor dem Elternhaus am Obstbergweg 6 in Bern. Zu sehen sind links seine Schwester Mathilde, daneben Paul Klees Frau Lily mit Sohn Felix auf dem Schoß und rechts seine Eltern Hans und Ida Klee.

2

1900: Paul Klee (erster von rechts) spielte in einem Streichquintett der privaten Zeichenschule von Knirr in München die erste Geige. Die Staffeleien dienten den Musikern als Notenständer.

5

1916: Paul Klee (in der zweiten Reihe von oben, genau in der Mitte) war als deutscher Soldat im Ersten Weltkrieg während einiger Monate im Rekrutendepot von Landshut unweit von München stationiert.

3

1911: Paul Klee als 32jähriger in München.

6

1914: Paul Klee zeichnet im Vorgarten des elterlichen Hauses am Obstbergweg 6 in Bern.

1

2

3

4

5

6

1
1922: Paul Klee mit einer Astrachan-Pelzmütze in Weimar.

4
1922: Diese Handpuppe aus Felix Klees Puppenthea-ter ist ein Selbstbildnis des Künstlers mit übergroßen Augen und Pelzmütze. Paul Klee fertigte den Kopf der Puppe aus einem Rinder-knochen, den er mit Gips bestrich und bemalte.

2
1925: Das Atelier am Staatlichen Bauhaus in Wei-mar. Paul Klee arbeitete gerne an mehreren Bildern gleichzeitig.

5
1922: Die Schwester Mathilde (rechts) zu Besuch bei der Familie Klee in Weimar. Links sitzt Felix Klee mit der Katze «Fritzi», auch «Fripouille» genannt, und in der Mitte Paul Klee.

3
1927: Das Bauhaus in Weimar – und später in Des-sau – (Näheres zum Bauhaus steht im Kasten auf Seite 57) war für ausgelassene Feste bekannt. Links hinterste Reihe (von links nach rechts): der Maler und Bauhausmeister Lyonel Feininger, die Ehefrau von Wassily Kandinsky, Nina Kandinsky, und, vom Blumenstrauß halb verdeckt, Paul Klee.

6
1924: Das Puppentheater von Felix Klee, das sein Vater für ihn gestaltet hat. Auf der Bühne stehen der Kasperle und der Teufel in der Zauberkiste.

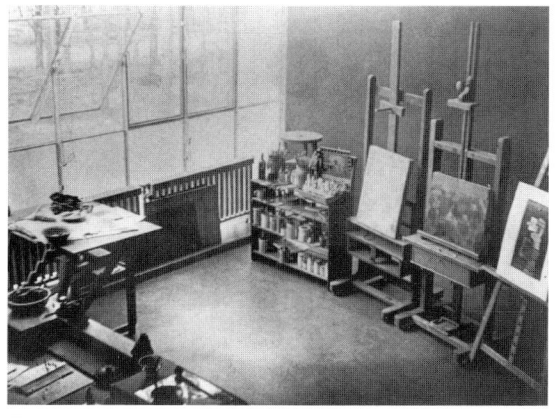

7

8

9

10

11

12

7
1926: Das helle und geräumige Atelier von Paul Klee im Meisterhaus in Dessau. Hier entstanden viele der strengen, geometrischen Bilder, die sein Schaffen in der zweiten Hälfte der zwanziger Jahre prägen.

10
1930: Paul Klee saß oft mit seinem Freund und Malerkollegen Wassily Kandinsky im Garten des Meisterhauses in Dessau zusammen.

8
1926: Ein Doppelhaus für die Bauhausmeister in Dessau, wie es Paul, Lily und Felix Klee zusammen mit dem Maler Wassily Kandinsky und seiner Frau Nina während sieben Jahren bewohnten. Die Meisterhäuser hatte der damalige Direktor des Bauhauses, Walter Gropius, im Jahre 1926 errichtet. Die Architektur ist bis heute wegweisend.

11
ca. 1930: Auf dem Balkon des Meisterhauses in Dessau. Paul Klee betrachtet aufmerksam einen großen Pilz. Ob er sich die einzelnen Formen eingeprägt hat, um sie später in einem Bild zu verwenden?

9
1929: Paul Klee in Dessau.

12
1926: Paul Klee an der Staffelei in seinem Atelier.

Von Düsseldorf nach Bern (1931–1935)

1

2

3

4

5

6

1
1932: Paul Klee 53jährig.

2
1934: Paul und Felix Klee auf dem Balkon der Dreizimmerwohnung am Kistlerweg 6 in Bern. Auf der
Staffelei steht das Gemälde Dynamik eines Kopfes.

3
1932: Paul und Lily Klee auf einem Ausflug nach
Hannover.

4
1929: Paul Klee sitzt über
der Zeichnung Stilleben zu
drei.

5
1935: Der Künstler mit seinem Vater im Garten des
Hauses am Obstbergweg 6 in Bern. Paul Klee hat
seinen Vater nur um wenige Monate überlebt.

6
1933: Bericht des nationalsozialistischen Direktors,
Julius Paul Junghanns, über die politische Tragbar-
keit der Lehrer an der Staatlichen Kunstakademie in
Düsseldorf vom 6. April 1933 (Ausschnitt). Junghanns bezeichnete Paul Klee fälschlich als Juden
und beantragte seine Entlassung.

Letzte Jahre in Bern (1935–1940)

1

2

3

4

5

6

1
1937: Das Atelier von Paul Klee mit der Katze Bimbo in der Dreizimmerwohnung am Kistlerweg 6 in Bern. Zeichnungen und farbige Blätter sind, in Packpapier eingeschlagen, an der Rückwand aufgestapelt.

4
1938: Paul Klee mit seiner Frau Lily (rechts) und Ju Grosch (links) in einem Landgasthof auf der Moosegg im Emmental, zwischen Bern und Luzern gelegen. Ju Grosch unterstützte Lily Klee mehrere Monate lang bei der Pflege ihres Mannes während des ersten Krankheitsschubs 1935/1936.

2
1935: Der befreundete Kunstschriftsteller Will Grohmann und dessen Frau Eulein aus Dresden fahren mit Paul Klee in die Umgebung von Bern. Grohmann hatte am 23. Februar die große Klee-Ausstellung in der Kunsthalle Bern mit einem Vortrag über Klees Kunst eröffnet.

5
1939: Paul Klee malt in seinem Atelier am Kistlerweg 6 das Gemälde Zwang dem Berg. Er war Linkshänder. Diese Fotografie von Felix Klee gefiel ihm so gut, daß er sie als Postkarte an Freunde und Bekannte verschickte.

3
1939: Paul Klee elf Monate vor seinem Tod. Er ist von der Krankheit gezeichnet und stark abgemagert.

6
1938: Paul Klee arbeitet in seinem Atelier am Kistlerweg 6 am großformatigen Gemälde Vorhaben (es ist auf den Seiten 34 und 51 abgebildet). Weil er durch die Krankheit den Arm nicht mehr gut bewegen konnte und auch schnell ermüdete, stellte er das Gemälde zum Malen der oberen Hälfte auf den Kopf.

Jugend in Bern (1879–1898)

Paul Klee wurde am 18. Dezember 1879 als zweites Kind der Familie in Münchenbuchsee bei Bern geboren. Sein Vater, Hans Klee, war von Deutschland nach Bern übersiedelt und unterrichtete als Musiklehrer am Lehrerseminar Hofwil bei Bern. Seine Mutter, Ida Klee-Frick, stammte aus Basel und war ausgebildete Sängerin. 1880 zog die Familie von Münchenbuchsee nach Bern; zuerst in eine Wohnung an der Marienstraße 8. Ab 1897 wohnte die Familie im eigenen Haus am Obstbergweg 6. Hans Klee war ein strenger Lehrer und bis ins hohe Alter ein autoritärer Vater. Die Mutter hingegen war von zarter, empfindsamer Natur und oft krank. Sie erkannte früh die zeichnerische Begabung ihres Sohnes. Deshalb sammelte sie seine Kinder- und Schülerzeichnungen und bewahrte sie auf.

Paul Klee besuchte in Bern die Grundschule und das Gymnasium. Die Schule langweilte ihn häufig. Vor dem Abitur brachte er so schlechte Noten nach Hause, daß er am Klassenausflug nicht teilnehmen durfte. In der Freizeit zeichnete, dichtete und las er viel. Er spielte außerordentlich gut Geige. Seine Liebe zur Musik dauerte ein Leben lang. Nach dem Abitur war er sogar unschlüssig, ob er den Beruf eines Musikers oder den eines Malers erlernen sollte. Er entschied sich schließlich für die Malerei. Sein Vater ließ ihn nur widerstrebend zur Ausbildung nach München ziehen.

Ausbildung und frühe Schaffenszeit (1898–1921)

Paul Klee besuchte ab 1898 die private Zeichenschule von Knirr in München als Vorbereitung auf die Kunstakademie. Er war bald einer der besten Schüler der Zeichenschule. 1900/1901 studierte er für ein halbes Jahr an der Münchner Kunstakademie und unternahm im Herbst 1901 bis Frühjahr 1902 eine Bildungsreise durch Italien. Danach lebte und arbeitete er vier Jahre hauptsächlich in Bern bei seinen Eltern. Im Herbst 1906 übersiedelte er erneut nach München. Nach der Studienzeit zeichnete und malte Paul Klee nach seinen eigenen Vorstellungen, ohne Anleitung von Lehrern. Er nahm Kontakt mit Künstlern auf, die wie er neue Ideen in der Kunst verwirklichen wollten. Paul Klee besuchte während seiner Studienzeit häufig Konzerte und musizierte selbst oft zusammen mit Freunden. An einer dieser musikalischen Veranstaltungen lernte er im Dezember 1899 die junge Münchner Pianistin Lily Stumpf kennen.

1906 heirateten Paul und Lily. 1907 kam der einzige Sohn Felix zur Welt. Lily Klee verdiente mit Klavierstunden mehr als ein Jahrzehnt lang den Lebensunterhalt für die Familie. Paul Klee besorgte den Haushalt und betreute den kleinen Felix. Daneben konnte er sich ganz auf seine künstlerische Arbeit konzentrieren.

Im Sommer 1914 brach der Erste Weltkrieg aus. 1916 wurde Paul Klee als Landsturmmann zum Wehrdienst eingezogen. Nach der Rekrutenausbildung in Landshut bei München begleitete er Flugzeugtransporte an die Front. Von 1917 bis zum Kriegsende 1918 wurde er als Schreiber in der Kassenverwaltung der Fliegerschule in Gersthofen bei Augsburg eingesetzt.

Durch erste größere Ausstellungen ab 1917 in Berlin und München wurde eine breitere Öffentlichkeit auf Paul Klees Kunst aufmerksam. Den Durchbruch zum Erfolg erzielte er unmittelbar nach dem Krieg.

Am Bauhaus in Weimar und Dessau (1921–1931)

Ende 1920 wurde Paul Klee als Lehrer an das Staatliche Bauhaus in Weimar berufen. (Näheres zum Bauhaus steht im Kasten auf Seite 57). An dieser Hochschule für Gestaltung unterrichtete er bis 1931. Auf Druck der rechtsradikalen Regierung mußte das Bauhaus in Weimar im Frühjahr 1925 schließen. Die Stadt Dessau übernahm die Schule. 1926 bezogen Lehrer und Schüler die neuen Gebäude in Dessau. Die geometrischen Formen der Bauhausarchitektur schlugen sich in Klees Schaffen nieder.

Paul Klee war ein gewissenhafter Lehrer, der seinen Schülern viel gestalterische Freiheit ließ. Er übernahm als «Meister der Form» die künstlerische Leitung der Buchbinderwerkstatt, später der Glasmalerwerkstatt, und unterrichtete die Schüler und Schülerinnen in der «Bildnerischen Formlehre». Ab 1927 erteilte er eine Gestaltungslehre für Weberei. Ab 1926 leitete er eine freie Malklasse. Jede Lektion bereitete er gründlich vor. Er erstellte sogar eine Reinschrift seiner Vorlesungen von 1921 bis 1922. Unermüdlich betonte er die Wichtigkeit des Naturstudiums für den Künstler. In dieser Zeit hielt er auch einen wichtigen Vortrag und schrieb Aufsätze, in denen er seine Kunstauffassung erläuterte.

Paul Klee schätzte die Kontakte zu den andern Künstlern am Bauhaus. Sie luden sich gegenseitig ein, führten anregende Gespräche und entwickelten neue Gestaltungsideen. Theaterexperimente spielten am Bauhaus eine große Rolle. Unter der Leitung des Malers Oskar Schlemmer entwickelten die Bauhäusler neue Tanzformen, Kostüme und Lichteffekte. Vorgeführt wurden die neuen Theaterstücke an den beliebten Bauhaus-Festen, an denen Lehrer und Schüler gemeinsam teilnahmen. Für seinen Sohn Felix baute Paul Klee ein Puppentheater mit gemalten Kulissen und etwa 50 Handpuppen, die er aus Abfallmaterialien, Fundstücken und Stoffresten, bastelte. Es erstaunt denn auch nicht, daß Felix Klee später den Beruf des Opern- und Hörspielregisseurs ergriff.

Während der elfjährigen Lehrtätigkeit am Bauhaus malte und zeichnete Paul Klee fast 3000 Werke. Zu seinem 50. Geburtstag im Jahre 1929 veranstalteten Galerien und Museen in Berlin, Dresden und New York umfangreiche Einzelausstellungen. Paul Klee stand auf dem Höhepunkt seiner künstlerischen Anerkennung und seines finanziellen Erfolgs. Die schwere Wirtschaftskrise der nachfolgenden Jahre bewirkte aber einen massiven Rückgang seiner Verkäufe.

Von Düsseldorf nach Bern (1931–1935)

Paul Klee empfand den Unterricht und die organisatorischen Aufgaben am Bauhaus zunehmend als starke Belastung. Er hatte daneben zu wenig Zeit für das Malen und Zeichnen. Deshalb verließ er 1931 das Bauhaus und folgte einem Ruf als Professor an die Staatliche Kunstakademie in Düsseldorf. Am 30. Januar 1933 kam Adolf Hitler in Deutschland an die Macht. In Hetzartikeln der nationalsozialistischen Presse wurde Paul Klee und seine Kunst beschimpft. Seine Werke wurden aus den Museumssammlungen entfernt und als «entartete Kunst» in «Schandausstellungen» verspottet. Bereits am 21. April 1933 wurde er als einer der ersten Düsseldorfer Professoren fristlos beurlaubt und auf Ende 1933 entlassen. Lily Klee schätzte die Bedrohung durch die Nationalsozialisten richtig ein und drängte ihren Mann zur Übersiedlung nach Bern. Ende Dezember 1933 emigrierten beide. Sie wohnten einige Wochen in Klees Elternhaus am Obstbergweg 6, wo die ledige Schwester Mathilde den betagten Vater betreute. Danach bezogen sie eine Dreizimmerwohnung am Kistlerweg 6, wo sich Paul Klee ein bescheidenes Atelier einrichtete.

In der Emigration führte Paul Klee ein verändertes Leben. Die kleine Stadt Bern bot kulturell wenig Anregung. Er verlor mehr und mehr den persönlichen Kontakt zu den Künstlerkollegen, die wie er aus Deutschland auswandern mußten.

Die Kunsthalle Bern veranstaltete Anfang 1935 eine große Ausstellung über das gesamte Werk von Paul Klee. Die Schweizer Presse reagierte mehrheitlich positiv darauf. Paul Klee konnte aus dieser Ausstellung – und auch später immer wieder – einige Bilder an treue Sammler in Bern, Basel und Zürich verkaufen. Dank Ausstellungen und Verkäufen in Frankreich, England und den USA reichte es zum Leben.

Letzte Jahre in Bern (1935–1940)

Im November 1935 litt Paul Klee unter den ersten Anzeichen der seltenen und heute noch unheilbaren Krankheit Sklerodermie. Die Krankheit verläuft in Schüben und führt zu einer Austrocknung der Schleimhäute. Die Gesichtshaut spannt sich und verleiht dem Gesicht einen maskenhaften Ausdruck. Paul Klee hütete monatelang das Bett und konnte zeitweise nur noch flüssige Nahrung zu sich nehmen. In Zeiten besserer körperlicher Verfassung konzentrierte er sich ganz auf seine Arbeit. Nachdem 1936 das künstlerische Schaffen mit 25 Werken fast zum Erliegen gekommen war, vermochte er in den beiden folgenden Jahren die Produktion von 264 auf 489 Werke zu steigern. 1939 erreichte er mit 1253 Werken eine «Rekordleistung», wie er selbst schrieb.

Paul und Lily Klee lebten seit dem Krankheitsausbruch zurückgezogen. Sie hielten aber regelmäßigen Kontakt zu einem kleinen Kreis von Freunden und Sammlern, die Klees Kunst schätzten und Bilder von ihm erwarben. Gelegentlich wurden sie auch zu einer Spazierfahrt mitgenommen. Diese Ausflüge waren für den kranken Künstler eine Abwechslung. Paul Klee beklagte sich nie über sein Leiden.

Am 18. Dezember 1939 feierte Paul Klee seinen sechzigsten Geburtstag. Die Schweizer Presse würdigte ihn mehrheitlich als bedeutenden Maler. Er erntete aber auch Kritik, vor allem in Zeitungen von politischen Gruppierungen in der Schweiz, die Hitler nahestanden: «zeitgemäße Sudelübung» nannten sie Klees Bilder. Ein Kritiker behauptete sogar, Paul Klee sei geisteskrank. Nach der Emigration von Düsseldorf nach Bern hatte sich Paul Klee als Deutscher um die Schweizer Staatsbürgerschaft bemüht. Gegner seiner Kunst verzögerten das Einbürgerungsverfahren. Dennoch wäre Paul Klee im Juli 1940 wohl Schweizer Bürger geworden, hätte er den Entscheid noch erlebt. Im Frühjahr 1940 verschlechterte sich sein Gesundheitszustand erneut. Paul Klee hoffte vergeblich, mit einem Kuraufenthalt im Tessin eine Besserung herbeiführen zu können; er starb am 29. Juni 1940 in einer Klinik von Muralto-Locarno.

Paul Klee auf Reisen

«Du mußt immer bedenken, wie kostbar die Zeit ist, wenn man eine solche Reise tut.» Diesen Satz schrieb Paul Klee von seiner ersten Italienreise im Jahre 1902 an seine spätere Frau Lily Stumpf. Begeistert schilderte er ihr das Meer, die Hafenszenen, die zahllosen Eindrücke von Farben, Geräuschen und Gerüchen. Die Liebe zu den Mittelmeer- und Atlantikküsten ließ ihn nie mehr los.

Paul Klee reiste gerne und so lange es ihm möglich war. Als junger Künstler mußte er sich in Italien und in Tunesien mit wenig Geld durchschlagen. Später schätzte er einen gewissen Komfort, er wußte auch ein gutes Essen zu genießen.

Höhepunkte von Paul Klees Reisetätigkeit waren die Tunisreise im Jahr 1914, und später, 1928/1929, die Reise nach Ägypten. Nur ein einziges Mal, 1923, reiste er in den Norden, auf die Insel Baltrum. Immer wieder zog es ihn in den Süden, zu Wärme und Licht. Während seiner Lehrtätigkeit in Weimar, Dessau und Düsseldorf verbrachte er seinen Urlaub regelmäßig in Italien oder Frankreich. Jedesmal nutzte er die Zeit zu intensiver Beobachtung der Natur und der Architektur. Er hielt viele seiner Eindrücke in Bildern, im Tagebuch und in Briefen fest. Manches ließ er aber auch nur auf sich wirken, um es später in sein Werk einfließen zu lassen.

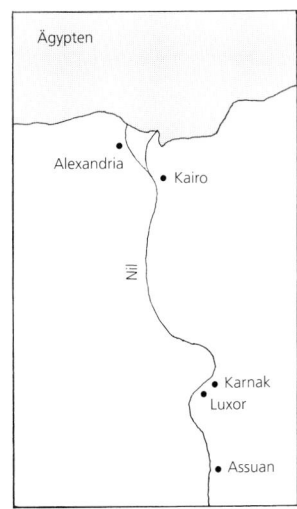

Die Karte zeigt die wichtigsten Reisestationen von Paul Klee in Deutschland, Frankreich, Italien, Spanien, Tunesien und Ägypten, ohne die Kuraufenthalte zwischen 1935 und 1940. (Die wichtigsten Reiserouten, geordnet nach Jahr, sind im Kasten auf Seite 103 aufgelistet.) GROSS geschrieben sind auf der Karte die Wohnorte von Paul Klee.

Reisebilder – die Reisen und die Bilder

Im Frühjahr 1914 konnten sich Paul Klee und seine zwei Malerfreunde August Macke und Louis Moillet dank der Unterstützung von Gönnern und Verwandten den Wunsch erfüllen, nach Tunesien zu reisen. Licht und Farbigkeit der tunesischen Landschaft beeindruckten die drei Maler zutiefst. Wie in einem Rausch schufen sie leuchtend farbige Aquarelle. Paul Klee entdeckte durch diese Erfahrung die Bedeutung der Farbe für seine Malerei. In sein Tagebuch notierte er: «Die Farbe hat mich. Ich brauche nicht nach ihr zu haschen. Sie hat mich für immer, ich weiß das. Das ist der glücklichen Stunde Sinn: ich und die Farbe sind eins. Ich bin Maler.» (Von dieser Reise stammt das Aquarell *Vor den Toren von Kairouan* auf S. 42.)

1914: Paul Klee, in der Mitte mit Hut, und August Macke, auf dem Esel, mit einem tunesischen Fremdenführer in Kairouan, Tunesien.

Paul Klee war fasziniert von den klaren, rechtwinkligen Formen der tunesischen Architektur. Mit wenigen Linien hielt er fest, was ihm wichtig war. Die Ornamente an den Gebäuden vereinfachte er zu Wellenlinien. Die Menschen in ihren orientalischen Gewändern gab er mit wenigen Strichen wieder.

Strasse in Tunis (1914), Bleistiftzeichnung auf Papier, auf Karton geklebt; 19 x 28 cm

1926: Paul Klee auf der Überfahrt von der Insel Elba nach Piombino.

Paul Klee zeichnete die Sicht auf die Insel Elba von einem erhöhten Standort aus. Mit wenigen Linien in der oberen Bildhälfte staffelte er die Hügelzüge hintereinander. In die Zeichnung notierte Paul Klee die Hügel «Pto. Longone» und «Mte. Calamità». Das Meer als waagrechte Linie führt den Blick in die Weite. Die Leere im Vordergrund vermittelt den Eindruck eines leicht abfallenden Geländes. Mit seiner Signatur unten links betonte er die Bedeutung dieses Leerraumes.

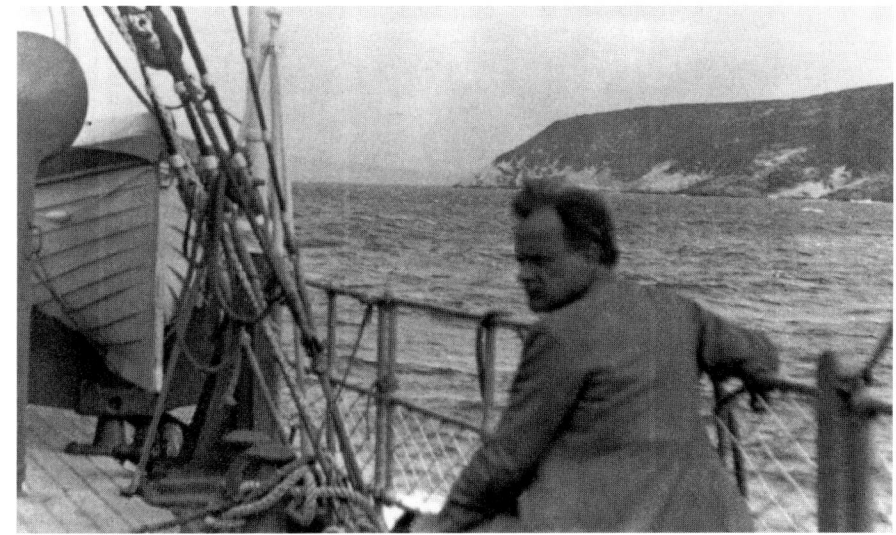

Elba (hoch über Porto Longone) (1926), Bleistift- und Federzeichnung mit Tinte auf Papier, auf Karton geklebt; 30 x 46,5 cm

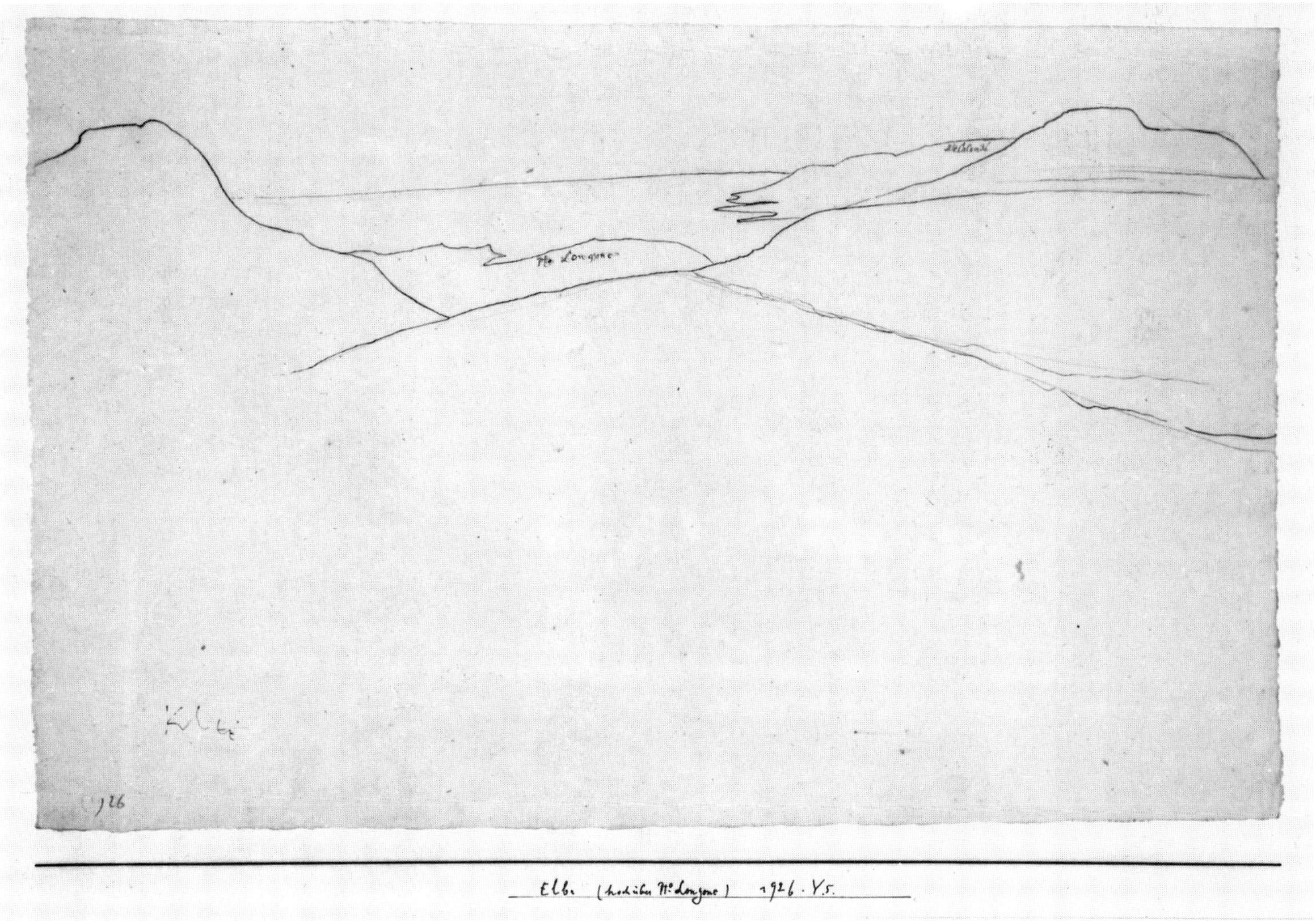

Paul Klee ließ sich durch die ineinander verschachtelten Häuser des Hafenstädtchens Portoferraio mit einer Vielzahl von perspektivischen Ansichten zu dieser Federzeichnung anregen. Die Häuserkuben des Städtchens säumen das Hafenbecken mit den Fischerbooten. Die Reihen der kleinen Fenster gab Paul Klee als Punkte wieder. Hier vermittelt der Künstler die Weite des Meeres und des Himmels durch den Leerraum in der oberen Bildhälfte. Bewußt setzte er deshalb die Signatur oben rechts.

Portoferraio (1927), Rohrfederzeichnung mit Tinte auf Papier, auf Karton geklebt; 30 x 46 cm

Wie viele Künstler liebte Paul Klee Ausblicke auf Küstenlandschaften. Die Steilküste im Vordergrund nimmt denn auch fast die Hälfte des Zeichenblattes ein. Nach hinten verkleinern sich die Felsen markant. Damit gewinnt das Bild Tiefe. Die Linie oben links und die angedeutete Insel Porquerolles lassen die Weite des Meeres erahnen.

1927: Paul Klee über der Steilküste der Insel Porquerolles.

Die Südküste von Port Cros, darüber Porquerolles (1933), Bleistiftzeichnung auf Papier, auf Karton aufgeklebt; 42 x 29,7 cm

1927: Paul Klee, rechts, auf der Insel Porquerolles.

Paul Klee wählte für seine Zeichnung den klassischen Ausschnitt einer Postkarte mit Vordergrund, Mittelgrund und Hintergrund: links im Vordergrund einen Baum und Sträucher, rechts in der Mitte das felsige Ufer, im Hintergrund den Horizont des Meeres. Seine Motive stellte er unterschiedlich dar. Die Pflanzen zeichnete er mit faserigen Strichen. Die Küste bildete er aus zwei Linien, die sich fortlaufend immer wieder überschneiden. Rechts wird das Liniengeflecht komplizierter, eine der beiden Linien verläuft in ausfahrenden Zacken. In die Zackenlinien der Küste setzte er mit dickerem Stift betont dunkle Balken. Die Anhöhe rechts im Bild zeichnete er ziemlich gegenständlich; die Felsen und die Zacken deutete er mit Punkten und Strichen an.

Südküste Porquerolles
(1927), Farbkreidezeichnung auf Papier, auf Karton aufgeklebt; 29,3 x 30,5 cm

Die Fotografie zeigt Paul Klee in leichter Sommerkleidung und mit dem Feldstecher in der Hand, wie er aufmerksam die Formen der Agavenblätter studiert.

Vielleicht sah Paul Klee dieses Bild vor seinem inneren Auge, als er in der Erinnerung die sonnigen Mittelmeerküsten durchstreifte. Die fleischigen, spitzen Agavenblätter stehen im Kontrast zum felsigen Boden und zu den dürren Sträuchern, die er gestrichelt und schraffiert darstellte.

1931: Paul Klee auf Sizilien.

Landschaft mit Agaven (1927), Aquarellfarben auf kreidegrundiertem Papier, auf Karton geklebt; 26 x 33 cm

Von der Stadt Calvi zur freien Linienzeichnung

1927 verbrachte Paul Klee seine Ferien auf der Insel Korsika. Dort besuchte er die alte Stadt Calvi mit ihrer mittelalterlichen Festung. Die wuchtigen Mauern, die eng zusammengebauten Steinhäuser, die winkligen Gassen und der weite Blick auf die Küste, das Meer und der Horizont beeindruckten ihn und regten ihn zum Zeichnen an.

Die Ortschaft Calvi an der Westküste der Insel Korsika heute. Die Aufnahme zeigt nicht den gleichen Ausschnitt, wie ihn Paul Klee in seinen Zeichnungen festhielt.

«Calvi (phantastisch)» betitelte Paul Klee diese Zeichnung. Von rechts stößt eine langgezogene Landzunge ins Bild und trifft genau auf ein turmähnliches Gebäude mit punktartigen Fenstern. Von dort entwickelt sich die Stadt. Es ist, als habe Paul Klee mit dem Stift einen Spaziergang in rechten Winkeln gemacht, treppauf, treppab, in scharfen Richtungswechseln. Dabei fiel ihm der kuppelgekrönte höchste Bau auf, der den Horizont berührt. Den Vordergrund zeichnete er aus einer einzigen Linie. Er begann links im Bild, wendete sich spitzwinklig nach rechts und kehrte, den Linienanfang umspielend, zurück.

Calvi (phantastisch) (1927), Federzeichnung mit Tinte und Farbkreiden auf Papier, auf Karton geklebt; 30,9 x 46,5 cm

«Der heutige Künstler ist mehr als verfeinerte Kamera, er ist komplizierter, reicher und räumlicher», schrieb Paul Klee 1923 im Aufsatz «Wege des Naturstudiums».

Die Serie von sechs Zeichnungen macht deutlich, wie er das meinte. Paul Klee liebte das wirkliche Vorbild, die Stadt Calvi. Sie gefiel ihm. Er erlebte sie. Aber er wollte sie

Die Hauptattraktion von Calvi ist die Festung mit ihren Mauern. In dieser Zeichnung setzte Paul Klee die Kontraste besonders deutlich ein: Durch den Gegensatz der großen Mauerfläche zu den kleinen Formen der Häuser und Türme betonte er den Eindruck des mächtigen Bauwerks.

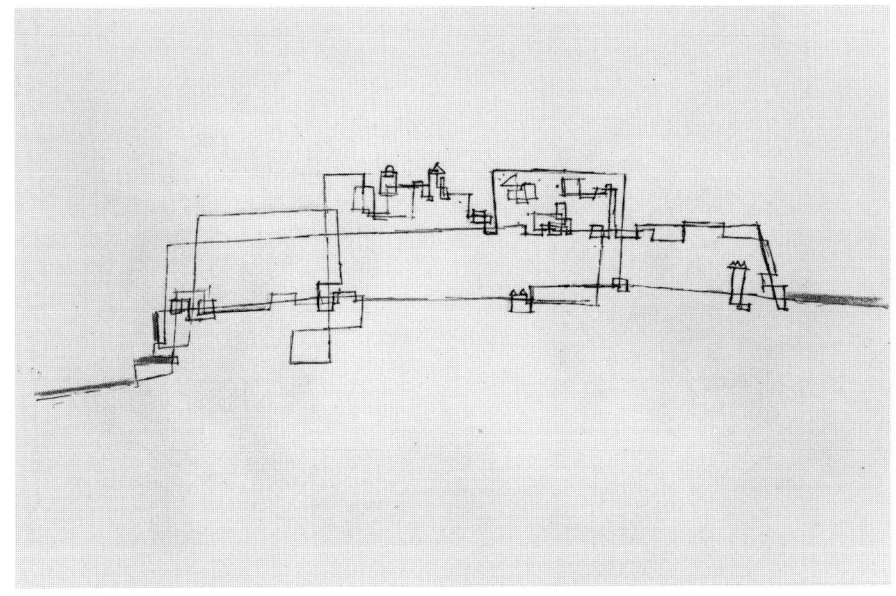

Festung Calvi (1927), Federzeichnung mit Tinte und Farbkreide auf Papier, auf Karton geklebt; 29,9 x 46,4 cm

Hier geht das Spiel mit den endlos weiterlaufenden Linien weiter. Sie erinnern an ein Labyrinth und fordern das Auge zum Mitwandern auf. Auch die Küste bezog Paul Klee in die gleiche Darstellungsart mit ein. Da und dort baute er freistehende Rechtecke ein, vorne rechts zeichnete er zwei Häuser mit Satteldächern.

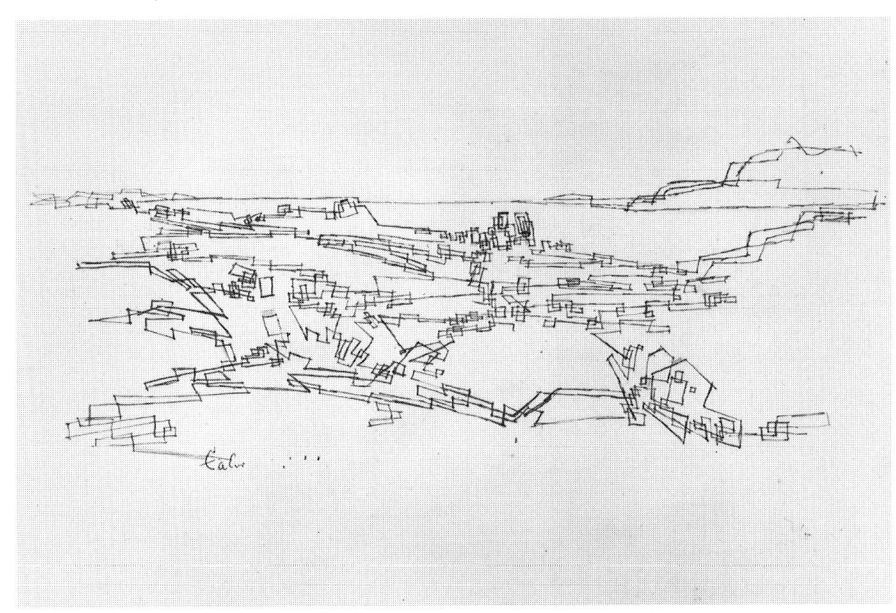

Calvi und Umgebung (1927), Federzeichnung mit Tinte und Farbkreide auf Papier, auf Karton geklebt; 31,2 x 46,2 cm

nicht einfach wiedergeben wie auf einer Ferienpostkarte. Er wollte etwas besonders Typisches, Wesentliches zeigen, das über die fotografische Abbildung hinausgeht. Er wollte zeigen, daß diese alte Stadt mit ihren unzähligen Winkeln in die Landschaft hineingebaut wurde. Als Künstler ahmte er dies nicht oberflächlich nach, sondern er

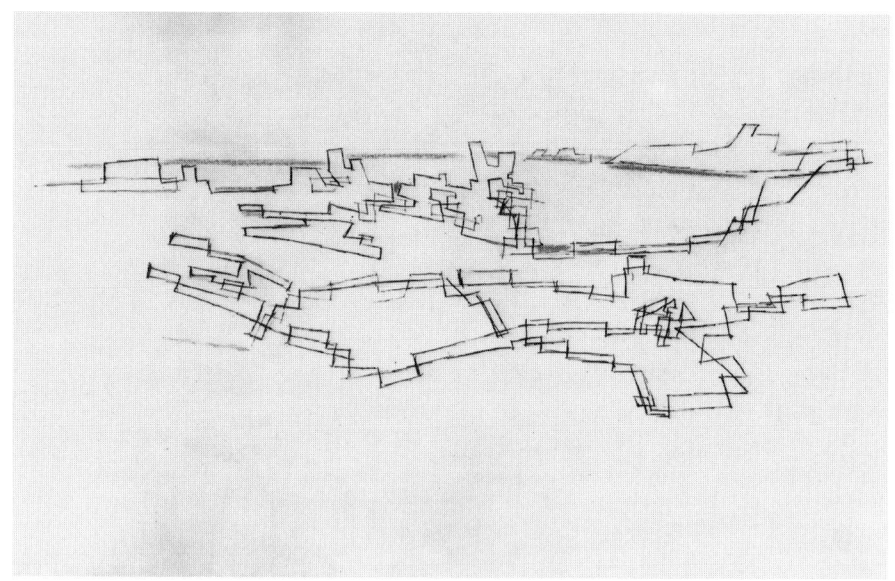

In dieser Zeichnung verbinden sich Meer, Küste, Hügellandschaft und Bauwerke zu einer Einheit. Natur und Gebautes ist nicht mehr auseinanderzuhalten. Zwar hat Paul Klee die Linienstücke gerade gezeichnet. Trotzdem entsteht durch das Aneinanderfügen der Linienstücke der Eindruck einer wellig bewegten Landschaft. Calvi besteht aus einer Ober- und einer Unterstadt. Ob Paul Klee an diese zwei Stadtteile dachte, als er in der Zeichnung deutlich zwei Teile unterschied?

Calvi und der Golf (1927), Federzeichnung mit Tinte und Farbkreide auf Papier, auf Karton geklebt; 30 x 45 cm

«Stadt Sa…» nannte Paul Klee dieses Blatt. Es ist ein frei erfundenes Erinnerungsbild, das mit der Stadt Calvi nur noch sehr wenig gemein hat. Geblieben ist die Rechteckstruktur, die fortlaufenden und sich überschneidenden Linien und eine Andeutung von Weite durch einige waagrechte Striche. Oder handelt es sich um die Spiegelung eines Sonnenuntergangs?

Stadt Sa … (1927), Federzeichnung mit Tusche auf Papier, auf Karton geklebt; 30 x 45 cm

baute auf dem Zeichenblatt eine neue, eigene Stadt. Er ließ es auch nicht bei einem Versuch bleiben. Er entwickelte Variationen zum Thema «Calvi», wie ein moderner Musiker zu einem Grundthema weiterimprovisiert.

Klee im Alltag

Wir pokern mit Klee, wir tanzen mit Klee, wir witzeln mit Klee – der Name «Klee» ist im Alltag ein Begriff, ja eigentlich schon ein Gütesiegel. Er garantiert stimmungsvolle Farben und humoristische Szenen. Mit «Klee» ist nicht die Person des Künstlers, sondern damit sind seine Werke gemeint. Als eine Kunstzeitschrift im Jahre 1948 eine Sondernummer über Paul Klee und seine Werke herausgab, entfachte sie damit noch einen Sturm der Entrüstung: Leserinnen und Leser kündigten ihr Abonnement auf, so sehr störten sie die modernen Farben und Formen. Von heute aus gesehen ist das kaum mehr zu verstehen, denn in unserer Kultur und Konsumwelt sind Paul Klees Bilder ein alltäglicher Teil.

Wie viele Bilder berühmter Künstler, führen auch diejenigen von Paul Klee ein Doppelleben. Die Originale hängen gerahmt und sorgsam behütet in einem Museum oder liegen gut verpackt im Safe einer Bank. Sie fristen dort ein eintöniges Leben. Die Abbilder oder Reproduktionen der Gemälde, Aquarelle und Zeichnungen hingegen erleben jeden Tag neue Abenteuer. Mal erheitern sie in einem Festumzug das Publikum am Straßenrand; mal verführen sie auf einer Verpackung zum Kauf von Schokolade.

Peter Hürzeler: Trudys Abenteuer. 1987.

Klee ist beliebt, wenn auch die Hausfrau auf ihm steht.

Vorlage: Polyphongefasstes Weiss *von 1930.*

Eine Frau staubsaugt einen Teppich mit Klee-Motiv.

Klee ist ein Begriff, wenn ein Tanzdreß nach ihm benannt ist.

Gimdance-Reklame aus dem Magazin der argentinischen Tageszeitung «La Nación».

Klee ist ein Geistesheld, wenn sein Kopf auf einer Briefmarke prangt.

Briefmarke der schweizerischen Postbetriebe aus dem Jahre 1979.
Stahlstich von Pierre Schopfer nach dem Entwurf von Hans Erni.
Der Hintergrund ist Paul Klees Gemälde Heroische Rosen *von 1938 nachempfunden.*

Vorlage: Porträtfotografie von Paul Klee, aufgenommen von Josef Albers, 1933.

Klee ist aktuell, wenn der Tierschutz-Verband mit ihm politische Werbung betreibt.

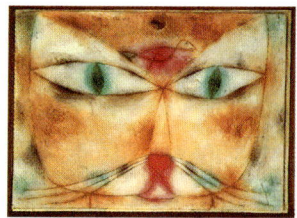

Vorlage: Katze und Vogel *von 1928.*

Motiv einer Karte des Schweizer Tierschutzes. Die Legende zu dieser Abbildung lautet: «Sollen unsere Enkel Tiere nur noch im Museum erleben? Schach der ungehemmten Gen- und Biotechnologie.»

Klee ist vielseitig, wenn er die Kulisse für eine Science-fiction-Story abgibt.

Vorlage: Der Häuserbaum von 1918.

Diese Illustration zeigt eine Seite aus dem französischen Kinderbuch: «La planète Klee, une phantasie avec Paul Klee.»

Klee ist unwiderstehlich, wenn er eine Schokoladeverpackung ziert.

Vorlage: Blühendes von 1934.

Schokoladeverpackung der Schokoladefabrik Frey.

Klee ist stark, wenn er die Könige auf den Pokerkarten aussticht.

Karten eines Pokerspiels.
Vorlagen: Abgebildet sind die Werke (von links nach rechts): Baldgreis, *auch «Senecio» genannt, von* 1922; Überschach *von 1937;* Gebärde eines Antlitzes *von 1939;* La belle jardinière (ein Biedermeiergespenst) *von 1939.*

Klee ist anerkannt, wenn er in einem historischen Umzug mitmachen darf.

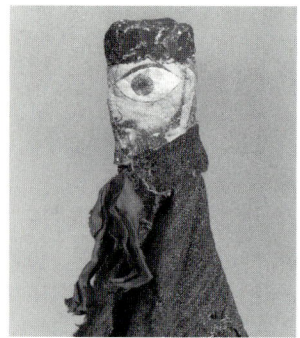

Vorlage: Handpuppe Selbstbildnis von 1922.

Im Festumzug zur Feier «800 Jahre Stadt Bern» lief auch diese übergroße Puppe mit. Auf dem Transparent hinter der Puppe steht ein Satz aus dem Gesuch von Paul Klee zur Erwerbung des Bürgerrechts der Stadt Bern im Jahre 1940: «es bleibt nur noch ein Wunsch offen, Bürger dieser Stadt zu sein.» Hinter dem Transparent folgt eine Gruppe, deren Kleider Paul Klees Bildern aus der Bauhauszeit nachempfunden sind.

Lexikon wichtiger Fachbegriffe

Zum Gebrauch dieses Lexikons:
- *Schräg gestellte* Begriffe mit einem → verweisen auf einen unter diesem Stichwort erklärten Fachbegriff.
- Fachbegriffe mit einem → und Seitenangabe sind auf der entsprechenden Seite erklärt.
- Innerhalb der einzelnen Begriffserklärungen sind weitere Fachbegriffe **fett** geschrieben.

abstrakte Kunst: Richtung der modernen → *bildenden Kunst*, die vom gegenständlichen Darstellen absieht. Der Maler → *Kandinsky* schuf 1910 als erster ein abstraktes → *Aquarell*.

Abstraktion: auf Detailreichtum verzichtende nichtgegenständliche Darstellungsform, die sich auf wesentliche Merkmale beschränkt.

Aktzeichnen: das Zeichnen (oder Malen, dann **Aktmalerei**) eines nackten Menschen, auch **Akt** genannt.

Aquarell: stammt ab vom lateinischen Wort «aqua» = Wasser. Das Aquarell ist ein mit → *Aquarellfarben* meist auf saugfähiges Papier → *lasierend* gemaltes Bild. Die Farbe läßt den (weißen) Farbton des Papiers durchscheinen und meist bleiben einige Stellen des Papiers unbemalt, so daß der (weiße) Farbton des Papiers ein Teil der Wirkung des Aquarells ausmacht. Weil die Farbe rasch trocknet, muß der Künstler schnell und genau arbeiten; Korrekturen sind kaum möglich. Aquarellfarben bleichen, dem starkem Licht ausgesetzt, schnell aus. Künstler, die diese Technik beherrschen, werden **Aquarellisten** genannt. Mehr dazu → Kasten auf Seite 43.

Aquarellfarben: gehören zu den → *Lasurfarben*. Sie bestehen aus feinstgemalenen, ungiftigen Farbteilchen und einem → *Bindemittel*, meist Pflanzengummi (→ *Gummiarabikum*). Sie sind in fester Form in Schälchen im Aquarellmalkasten oder in kleinen Tuben erhältlich. Die Farbe wird zum Malen mit Wasser und Pinsel gelöst.

aquarellieren: malen mit → *Aquarellfarben*.

Arbeiten auf Papier: Sammelbegriff für Werke mit dem → *Bildträger* Papier (→ *Zeichnung*, → *Aquarell*, → *Druckgrafik*).

Atelier: Arbeitsraum, Werkstatt des Künstlers.

Ausstellungsführer: → Worterklärung auf Seite 84.

Ausstellungskatalog: → Worterklärung auf Seite 70.

Ausstellungskonzept: → Worterklärung auf Seite 70.

Bauhaus: → Kasten auf Seite 57.

Baumwolltuch: → Kasten auf Seite 50.

bildende Kunst: Sammelbegriff für → *Zeichnung*, → *Druckgrafik*, → *Malerei*, → *Plastik*, **Fotografie**, **Film**, **Design** und **Kunstgewerbe** sowie **Architektur**.

Bilderrahmen: → *Rahmen*.

Bildetikette: → Worterklärung auf Seite 80.

Bildhauer: Künstler, der ein körperhaftes (ein **Relief** oder vollrundes) Kunstwerk gestaltet. Als Material verwendet er Stein, Holz, Metall, Ton, Elfenbein und anderes (mehr dazu unter → *Skulptur*).

Bildträger: das Material, worauf gemalt oder gezeichnet wird, wie Holz, textile Gewebe (→ *Leinwand*, → *Jute*, → *Baumwolltuch*), Metall, Stein, Karton, Papier. Ist der Bildträger → *grundiert*, spricht man von → *Malgrund*.

Bindemittel: Leime (→ *Kleisterfarbe*), Ei (→ *Temperafarbe*), → *Kasein* (→ *Kaseinfarbe*), Wachs (→ *Wachskreide*), Lacke, Harze, Öle (→ *Ölfarbe*, → *Fettkreide*), Pflanzengummi, → *Gummiarabikum* (→ *Tusche*). Verbindet die Teilchen des → *Farbpulver*s untereinander. So entsteht eine dünn- oder dickflüssige Farbe, die auf dem → *Bildträger* haftet.

farbiges Blatt: Paul Klees Begriff für ein mit mehreren Farben (→ *Ölfarben*, → *Kleisterfarben*, → *Wasserfarben*, Farbstiften, → *Pastellkreiden*) auf → *Baumwolltuch*, → *Jute*, Papier gemaltes Werk, das er auf Karton klebte.

Bronzeguß: ein aus der Metallegierung Bronze gegossenes dreidimensionales Kunstwerk. Bronze besteht aus etwa 80 % Kupfer und 20 % Zinn (mehr dazu unter → *Skulptur*). Der Bronzeguß gilt als → *Plastik*, da die Gußform nach einem Ton-, Gips- oder Wachsmodell angefertigt wird.

Craquelé: bezeichnet ein Netz von Sprüngen und Rissen in der Farbschicht eines → *Gemäldes*. Nahezu alle alten Gemälde besitzen ein Craquelé. Seine Entstehung ist abhängig von den verwendeten Malmaterialien und der Maltechnik eines Künstlers, von den atmosphärischen Bedingungen, denen ein Gemälde ausgesetzt war, und von der Art seiner Behandlung durch Besitzer und → *Restaurator*en.

Dadaismus, auch **Dada**: internationale Bewegung der → *bildenden Kunst* und Literatur, die 1916, von Zürich ausgehend, bis zu Beginn der zwanziger Jahre existierte. Die **Dadaisten** rebellierten gegen die Werte der damaligen Gesellschaft, die den 1. Weltkrieg (1914-1918) hervorgebracht hatte. Sie wollten unter anderem die Ehrfurcht vor der Kunst zerstören. Der Dadaismus war eine Vorstufe des → *Surrealismus*.

Deckfarbe, auch **Gouache**: eine dicke → *Wasserfarbe*, die nach dem Trocknen mit einer weiteren Farbschicht deckend übermalt werden kann. Ihr Farbton verändert sich während des Trocknens. Im Deckfarbenkasten befindet sich eine Tube **Deckweiß**. Damit können alle Farben aufgehellt werden.

Deutsches Museum: meistbesuchtes Museum in München. Es besitzt die weltweit größte, ständig der Entwicklung angepaßte Schausammlung von Technik-Geschichte.

Druckgrafik: bezeichnet die vervielfältigenden Künste, wie **Holzschnitt**, **Kupferstich**, **Lithografie** (mehr dazu unter → *Grafik*).

«entartete Kunst»: → Kasten auf Seite 63.

Expressionismus: stammt ab vom französischen Wort «expression» = Ausdruck. Meint allgemein eine Ausdruckskunst oder Kunst der Ausdruckssteigerung. Bezeichnet auch eine internationale Stilrichtung (→ *Stil*) in der → *bildenden Kunst* und der Literatur des frühen 20. Jahrhunderts, die ihren Höhepunkt in Deutschland erreichte. Die **Expressionisten** richteten, in Reaktion auf den → *Impressionismus*, den Blick von der äußeren Erscheinungswelt auf die Innenwelt und die seelischen Vorgänge. Sie verzichteten auf sachlich treue Wiedergabe der Gegenstände zugunsten einer Ausdruckssteigerung durch Vereinfachung und Verzerrung der Formen sowie durch → *reine Farben*.

Fach(hoch)schule für Gestaltung, auch **Kunstgewerbeschule**: Ausbildungsstätte für angehende Maler, Zeichner, Fotografen, **Gebrauchsgrafiker**, **Keramiker** und andere mehr.

reine Farben: die unvermischten Grundfarben Gelb, Rot, Blau, Orange, Violett, Grün. Sie besitzen von allen Farben die größte Leuchtkraft.

kalte und warme Farben: Die Menschen des europäischen Kulturkreises sprechen in Anlehnung an das Temperaturempfinden von kalten und warmen Farben: helle, mit Weiß gemischte Farben von grünlichem oder bläulichem Farbton werden als kalt; rote, orange, gelbe oder dunkle Farben eher als warm empfunden.

Farbpulver: Das Farbmittel von → *Ölfarbe*, → *Temperafarbe*, → *Kleisterfarbe*, → *Aquarellfarbe* besteht aus feinstgemahlenen, von bloßem Auge kaum sichtbaren Farbteilchen, den → *Pigment*en. Sie werden mit einem → *Bindemittel* vermischt zur eigentlichen Malfarbe.

Feder: → *Spitzfeder*, → *Rohrfeder*.

Fettkreide: besteht aus Kohlestaub, gebunden mit einem öligen oder fetthaltigen → *Bindemittel*. Ihr Strich wirkt, ähnlich der → *Kohle*, besonders schwarz, ist aber im Unterschied zur Kohle wischfest und wasserunlöslich.

Firniß: mehr dazu → Worterklärung *Vernissage* auf Seite 82.

Fixativ: eine Art Lack, mit dem Zeichnungen mit Bleistift, → *Kohle*, → *Pastellkreide* besprüht werden, um sie wischfest zu machen.

Flachpinsel: Pinselart mit breit angeordneten Borsten oder Haaren, die in einer rechteckigen, flachgedrückten Metallfassung stecken, erzeugt einen breiten Pinselzug (→ Abbildungen auf Seite 37 und 40).

Galerie: ein Geschäft, das Kunstwerke kauft und weiterveräußert und auch (Verkaufs-)Ausstellungen veranstaltet. In Frankreich, Italien,

Großbritannien und den USA bezeichnet der Begriff («galerie», «galleria», «gallery») zudem ein Museum.

Galerist: Person, die eine → *Galerie* führt.

Gemälde: ein transportables, mit Farben, wie → *Ölfarben*, → *Kleisterfarben*, → *Temperafarben*, → *Wasserfarben* auf → *Leinwand*, → *Jute*, Holz, Karton oder Kupfer gemaltes Bild. Sie sind zum Teil vom Künstler selbst gerahmt (→ *Rahmen*). Mehr dazu unter → *Tafelbild.*

Gemäldedepot: → Worterklärung auf Seite 81.

Gesamtwerk: → Worterklärung auf Seite 70.

Grafik: Sammelbegriff für → *Zeichnungen* (zusammen mit → *Druckgrafik*) in verschiedenen Techniken (mehr dazu unter → Worterklärung *Grafische Sammlung* auf Seite 83).

Grafikdepot: → Worterklärung auf Seite 81.

Grafische Sammlung: → Worterklärung auf Seite 83.

grundieren, Grundierung: auf einen → *Bildträger*, wie Holz, → *Leinwand*, Karton, Papier, wird vor dem eigentlichen Bemalen (meist ein ziemlich dicker) Farbanstrich aufgetragen. Damit werden Unebenheiten des Bildträgers geglättet, und die Grundierung verbessert die Haftung der darüberzulegenden Farben.

Gummiarabikum: wasserlöslicher Gummi, der aus dem Milchsaft von Akazienbäumen gewonnen wird. Er dient als Klebemittel oder als → *Bindemittel*, etwa in der → *Tusche.*

Hinterglasbild: eine auf der Rückseite einer Glasplatte seitenverkehrt (meist mit deckenden Farben) ausgeführte → *Malerei* oder → *Zeichnung.*

Impressionismus: stammt ab vom französischen Wort «impression» = Eindruck. Meint allgemein eine Kunst, die den persönlichen Eindruck in den Vordergrund stellt. Bezeichnet auch eine internationale Stilrichtung (→ *Stil*) in der → *bildenden Kunst* (vor allem in der → *Malerei* und der → *Zeichnung*) der neueren Malerei, die sich zuerst in Frankreich um 1870 durchsetzte. Die **Impressionisten** verließen ihre → *Ateliers* und malten in der Natur. Sie gaben die Gegenstände der Natur, wie Landschaft, Blumen und Menschen, nicht in ihrer Körperlichkeit, sondern in ihrer farbigen Auflösung wieder, so wie sie im Augenblick des Malens erschienen: Licht und Bewegung lösen die Umrißlinien auf, der Ausschnitt ist vielfach zufällig bestimmt. Die Farben trugen sie in kurzen Pinselstrichen oder Tupfen auf.

Jute: ein billiges, aus Fasern der Hanfpflanze hergestelltes, braunes Gewebe, auch Sacktuch genannt. Kartoffel- und Kornsäcke etwa sind aus Jute gefertigt. Der Jutefaden ist grob und faserig und wird mit dem Alter brüchig. Die Jute ist weniger stabil als die → *Leinwand.*

Kaseinfarbe: Kasein wird aus dem Käsestoff in der Milch gewonnen und zu Kaseinleim, einem → *Bindemittel*, verarbeitet. Kaseinleim ergibt, mit → *Pigment*en gemischt, die Kaseinfarbe, die nach dem Trocknen wasserunlöslich und

sehr widerstandsfähig ist. Kasein ist eines der ältesten Bindemittel der Malerei.

Keilrahmen: ein aus vier Einzelleisten zusammengesteckter Holzrahmen, auf den etwa der → *Bildträger*, → *Leinwand* oder → *Jute*, gespannt und seitlich mit Nägeln oder Bostitchklammern befestigt wird. Zum Nachspannen des → *Bildträgers* werden in die Ecken des Rahmens flache Holzkeile eingetrieben.

Kleinmeister: bedeutet auf Seite 8 «Schweizer Kleinmeister»; ein Schweizer Künstler im 18. Jahrhundert, meist aus der Region Bern, der kleinformatige Ansichten von Städten, Seen, Alpweiden, Bergen und Gletschern sowie Trachtenbilder schuf. Er verkaufte die Bilder mehrheitlich an Touristen und prägte damit maßgeblich das Bild der Schweiz zu Beginn des aufkommenden Tourismus'.

Kleisterfarbe: besteht aus Farbteilchen (→ *Pigment*) und Kleister (Klebestoff aus Stärke- oder Fischmehl und Wasser) als → *Bindemittel*. Die dick aufgetragene, trockene Kleisterfarbe ist unelastisch und bricht auf einem beweglichen → *Bildträger*, wie Papier, leicht aus (mehr dazu → *Kasten* auf Seite 49).

Kohle, Kohlestift auch **Zeichenkohle:** ein dünner, leichter Zeichenstift aus tiefschwarzer, poröser Holzkohle. Um den Kohlestift herzustellen, wird ein kantig zurechtgeschnittener oder ein runder Zweig unter fast völligem Luftentzug in der Glut langsam verkohlt. Die Kohle ist eines der ältesten → *Zeichenmittel*. Sie haftet nur lose auf → *Baumwolltuch* oder Papier und ist daher leicht zu verwischen. Durch Wischen, Verreiben oder Übereinanderlegen der Striche wird eine malerische Wirkung erzielt. Um die → *Kohlezeichnung* wischfest zu machen, muß sie mit einem → *Fixativ* besprüht werden.

Kohlezeichnung: mit → *Kohle* angefertigte → *Zeichnung.*

künstlerischer Nachlaß: selbst geschaffene Kunstwerke und literarische Schriften, die ein verstorbener Künstler aus persönlichem Besitz hinterläßt (mehr dazu → Worterklärung → *Gesamtwerk* auf Seite 70).

Kreide: → *Kreidepulver.*

kreidegrundieren, Kreidegrundierung: → *Kreidepulver* wird, etwa mit einem Spachtel, als → *Grundierung* auf einen → *Bildträger* aufgetragen. Kreidegrundierung bildet einen porösen und stark strukturierten → *Malgrund*, der bei Erschütterungen leicht bricht.

Kreidepulver: wird durch Zermahlen von weißem Kalkstein gewonnen. Es läßt sich mit Wasser zu einer teigartigen Masse anrühren oder zu Kreidestiften pressen.

Kubismus: eine Stilrichtung (→ *Stil*) der modernen Kunst, die sich zwischen 1907 und 1915 vor allem in Paris ausbildete. Die **Kubisten** brachen endgültig mit der Nachahmung der Natur im Sinne von naturalistischer (→ *Naturalismus*) Abbildung und führten die Formen-

vielfalt der Natur, den sie umgebenden Raum, auf die geometrischen Grundformen Kubus, Kugel, Kegel und Zylinder zurück. Sie stellten einen Gegenstand nicht mehr als geschlossene Form von einem Blickpunkt aus dar, sondern zerlegten ihn in kleine, facettenartige Gebilde und faßten von demselben Gegenstand gleich mehrere Ansichten in einem Bild zusammen. Der Kubismus ist eine der größten künstlerischen Errungenschaften des 20. Jahrhunderts.

Kunstakademie, auch **Kunsthochschule:** staatliche Einrichtung, die der Ausbildung des Künstlernachwuchses und der → *Kunsterzieher* dient. Gelehrt werden **Malerei, Bildhauerei** und **Architektur** sowie **Design, Bühnenbild** und **Innenarchitektur.**

Kunsterzieher: → *Kunstvermittler.*

Kunsthandlung: → *Galerie.*

Kunsthändler: → *Galerist.*

Kunsthistoriker: Wissenschafter auf dem Gebiet der Kunstgeschichte. Er beschäftigt sich mit den Inhalten von Kunstwerken, den → *Stil*en, den Lebensgeschichten von Künstlerinnen und Künstlern.

Kunstkritiker: → Worterklärung auf Seite 59.

Kunstschriftsteller: → Worterklärung auf Seite 62.

Kunsttheoretiker: setzt sich mit der Theorie über Wesen, Formen und Gesetze der Kunst auseinander und entwickelt sie weiter.

Kunstvermittler: beschäftigt sich mit Kunst und gibt Wissen und Erkenntnisse in Büchern, Filmen, Ausstellungen, an andere weiter (mehr dazu unter → *Museumspädagoge*).

lasieren: mit durchsichtigen Farben ein Bild malen oder etwas übermalen.

Lasur: eine Schicht aus einer Farbe, die den → *Bildträger* oder die darunterliegende Farbe durchscheinen läßt.

Lasurfarbe: duchsichtige Farbe (→ *Aquarellfarbe*).

Leihgeber: → Worterklärung auf Seite 73.

Leihvertrag: → Worterklärung auf Seite 73.

Leinwand: ein Gewebe aus Fasern der Flachs- oder Hanfpflanze, in der europäischen Malerei seit dem 15. Jahrhundert als → *Bildträger* verwendet, seit dem 18. Jahrhundert wichtigster Bildträger für → *Gemälde.*

Lösungsmittel: Flüssigkeit, in der ein Stoff aufgelöst wird, wie Wasser für → *Aquarellfarben*, → *Terpentinöl* für → *Ölfarben*; wird auch zum Verdünnen von eingedickter Farbe und zum Reinigen von Pinseln verwendet.

Malerei: wird auch als «die Kunst der Fläche» bezeichnet, eine Formgestaltung mit Farbe und Linie in der Fläche, im Unterschied zu den dreidimensonalen Künsten → *Plastik* und **Architektur.** Weist ein flächiges Kunstwerk nur wenig oder gar keine Farbe auf, spricht man von → *Zeichnung* oder → *Grafik*. Zur Malerei zählen unter anderem → *Gemälde*, → *Aquarell*, → *farbiges Blatt.*

Malgrund: → *Bildträger* mit → *Grundierung.*

Malmittel: Bezeichnung für → *Verdünnungsmittel* (auch → *Lösungsmittel*) der Farbpaste.

Malmittelersatz: Ersatz für ein → *Malmittel*. Paul Klee benutzte im Bild *Ad Parnassum* wahrscheinlich **Terpentinersatz** (→ *Terpentinöl*) für das Verdünnen der → *Ölfarbe*. Terpentinersatz hat wenig ölige Anteile und macht die Farbe weniger fettig.

Metallnadel: → *Radiernadel*.

moderne Kunst: allgemein der Bereich der → *bildenden Kunst* des 20. Jahrhunderts, im speziellen die Werke der Gegenwartskunst. Damit das Werk eines Künstlers zur modernen Kunst gerechnet wird, muß er den Bruch mit der Tradition des 19. Jahrhunderts vollzogen haben, den der → *Impressionismus* einleitete und der → *Kubismus* endgültig vollzog.

Mosaik: ein aus farbigen Mosaiksteinen (Stein, Keramik, Glaswürfeln) zusammengesetztes Bild auf einem Fußboden, an einer Wand oder Decke. Die Mosaiksteine werden dicht in ein feuchtes Mörtelbett gesetzt und später poliert.

Monografie: → Worterklärung auf Seite 62.

Motiv: Gegenstand, Idee oder Ereignis, die Künstler zum Gestalten anregen.

Museumsführer: → Worterklärung auf Seite 84.

Museum of Modern Art: → Worterklärung auf Seite 66.

Museumspädagoge: dafür ausgebildete Personen in einem Museum, mit **Führung**, **Workshop**, **Tonbildschau**, → *Ausstellungskatalog* und Schriften zum Kunstunterricht Menschen aller Altersklassen Kunst zu vermitteln (mehr dazu unter → *Kunstvermittlung*).

Naturalismus: meint allgemein eine wirklichkeitsnahe, naturgetreue Kunst. Bezeichnet auch eine Stilrichtung (→ *Stil*) in der → *bildenden Kunst* (und vor allem in der deutschen Literatur zwischen 1880 und 1900), die Reales, wie Gegenstände, Menschen, Landschaften, möglichst naturgetreu bis hin zur Augentäuschung abbilden will. Eng verwandt mit dem Naturalismus ist der → *Realismus*.

Naturstudium: genaue Beobachtung und exakte zeichnerische oder malerische Wiedergabe der Natur ist auch heute eine Grundlage der gestalterischen Ausbildung an → *Kunstakademie* und Kunstschulen.

Ölfarbe: besteht aus Farbteilchen (→ *Pigment*) und trocknenden Ölen, wie Leinöl, Mohnöl, Nußöl, als → *Bindemittel*. Sie ist gut streichfähig, geschmeidig, wasserunlöslich und trocknet langsam. (Ein Ölbild ist oft erst nach Monaten richtig durchgetrocknet). Ölfarbe ist relativ teuer. Seit dem 18. Jahrhundert ist die **Ölmalerei** die verbreitetste Maltechnik.

Ölfarbezeichnung: → Text auf Seite 46.

Œuvre-Katalog: → Kasten auf Seite 61.

Original: vom Künstler selbst geschaffenes Werk, im Gegensatz zu **Kopie, Fälschung, Reproduktion**. Im engeren Sinn ein Werk, das in nur einem Exemplar existiert.

originaler Rahmen: → Rahmen.

Ornament: Einzelteil einer Verzierung, kann geometrisch (etwa als Kreis) oder naturalistisch (→ *Naturalismus*), etwa als Blattranke, geformt sein. In der Wiederholung wird das Ornament zu einem flächen- oder streifenbildenden Muster (Ornamentband), das als ganzes wirkt.

Palette: Holzbrett oder Metallplatte, etwa in der Größe eines Schreibmaschinenpapiers, mit einem Griffloch für den Daumen. Auf der Holzpalette mischt der Künstler vor allem die dickflüssigen Farben, auf der Metallpalette (mit napfförmigen Vertiefungen) die dünnflüssigen (→ Abbildung auf Seite 93, Nr. 12).

Pastellkreiden: das feingemahlene Farbpulver (→ *Pigmet*) wird mit gemahlener Tonerde und einem wasserlöslichen → *Bindemittel* zu einem Teig vermischt und zu Stiften gepreßt. Im Unterschied zu → *Wachskreide* und → *Fettkreide* haften die Farbteilchen nur lose auf → *Baumwolltuch* oder Papier und sind daher leicht zu verwischen. Durch Wischen, Verreiben oder Übereinanderlegen der Striche wird eine malerische Wirkung erzielt. Um die **Pastellzeichnung** wischfest zu machen, muß sie mit einem → *Fixativ* besprüht werden (mehr dazu → Kasten auf Seite 50).

Paul-Klee-Stiftung: → Kasten auf Seite 72.

Pinsel: → *Flachpinsel*, → *Rundpinsel*.

Pigment: stammt ab vom lateinischen Wort «pigmentum» = Färbestoff, steht heute für Farbe oder Farbstoff, einem Grundmaterial der Malfarbe. Als Pigmente dienen organische (tierische und pflanzliche) Produkte, wie **Sepia** (getrocknete Tinte des Tintenfischs), oder anorganische Stoffe, wie Metalle, Mineralien und Erden. Weiteres unter → *Farbpulver*.

Plastik: stammt ab vom griechischen Wort «plássein» = aus weicher Masse formen. Der Begriff steht für die **Bildhauerkunst** (→ *Bildhauer*) als Gattung und für das einzelne Werk dieser Kunst. Beim einzelnen Werk wird zwischen Plastik und → *Skulptur* unterschieden.

Porträt: Bildnis eines Menschen (mehr dazu unter → *Selbstbildnis*).

Privatsammlung: → Worterklärung auf Seite 72.

Radiernadel: Werkzeug aus Stahl mit scharfer Spitze, von der Form her dem Bleistift ähnlich. Sie dient zur Herstellung einer **Radierung**: der Künstler ritzt mit der Radiernadel eine Zeichnung direkt in eine Metallplatte und erstellt davon eine → *Druckgrafik*.

Rahmen, auch **Bilderrahmen**: schützt → *Gemälde* oder Zeichnung zusammen mit einer Glasscheibe, grenzt sie von ihrer Umgebung ab und wertet sie, ist er reichverziert, auf. Ist der Rahmen vom Künstler selbst geschaffen und damit wichtiger Bestandteil des Werks, wird er «originaler Rahmen» genannt.

Realismus: stammt ab vom lateinischen Wort «realis» = dinglich, sachlich; meint allgemein eine wirklichkeitsnahe, nüchterne Kunst. Bezeichnet auch eine Stilrichtung (→ *Stil*) in der → *bildenden Kunst*, die die optische Erscheinung der Wirklichkeit detailgetreu wiedergibt und zugleich eine persönliche Stellungnahme des Künstlers dazu ausdrückt. Schwergewichtig behandeln die **Realisten** gesellschaftliche Themen, um soziale Ungerechtigkeiten anzuprangern. Fehlt in einem Kunstwerk die Deutung der Wirklichkeit durch den Künstler so spricht man von → *Naturalismus*.

Restaurator: → Kasten auf Seite 77.

Restaurationsatelier: Arbeitsraum, Werkstatt des → *Restaurator*s.

Retrospektive: → Worterklärung auf Seite 67.

Rohrfeder: eine aus einem Schilf- oder Bambusrohr geschnittene Zeichenfeder, die seit der Antike verwendet wird. Der Rohrfederstrich ist kraftvoll und eckig.

Rundpinsel: Pinselart, bei der die Haare oder Borsten, von einer zylindrischen Metallfassung gehalten, in eine Spitze auslaufen; erzeugt einen dünnen Pinselzug.

Sammlung: → Worterklärung auf Seite 66 (auch → *Privatsammlung*).

Sammlungskatalog: → Worterklärung auf Seite 83.

Schraffur: Bezeichnung für eng beieinander liegende, parallele oder gekreuzte Striche, die eine mehr oder minder dunkle Flächen bilden. Damit wird in einer → *Zeichnung* eine Schattenwirkung erzielt, und sie verleiht dem Gegenstand eine räumliche Tiefe (Beispiele für Schraffuren → Zeichnungen auf Seite 16 Mitte, Seite 21 unten).

Selbstbildnis, auch **Selbstporträt**: Selbstdarstellung des Künstlers. Es ist, wie die Landschaft, der → *Akt*, die Stadtansicht, ein zentrales Thema der → *bildenden Kunst*.

Signatur: die Unterschrift des Künstlers auf der Vorder- oder Rückseite eines Werkes, in der Regel mit Namen oder Vor- und Nachnamen, seltener mit den Anfangsbuchstaben von Vor- und Familienname (**Monogramm** genannt). Oft sind daneben Entstehungsjahr oder -datum vermerkt. Der Künstler bezeichnet das Werk damit als sein geistiges Eigentum. Der Signatur kommt bei der Echtheitsabklärung große Bedeutung zu.

Skizze: flüchtiger Entwurf eines Menschen, Tieres, Gegenstandes, einer Landschaft oder einer Idee für ein → *Gemälde* oder eine → *Plastik* (auch → *Vorzeichnung*).

Skizzenbuch: In Buchform geheftete oder gebundene Papierblätter für die → *Skizze*.

Skulptur: stammt ab von den lateinischen Wörtern «sculptura» = Bildhauerarbeit und «sculpere» = schnitzen. Die **Bildhauerkunst** (→ *Bildhauer*) kennt zwei Arten von Kunstwerken: 1. die Skulptur: die Form wird aus Holz, Stein oder Elfenbein herausgemeißelt oder herausgeschnitzt (Prinzip des A̲btragens). 2. die → *Plastik*: die Form wird aus Ton, Wachs, Gips aufgebaut (Prinzip des A̲ntragens).

Skulpturensammlung: → Worterklärung *Die Grafische Sammlung* auf Seite 83.

Spitzfeder: → Kasten auf Seite 48.

Spritztechnik: → Kasten auf Seite 47.

Staffelei: ein in Höhe und Neigung verstellbares Gestell, worauf der → *Bildträger* beim Malen befestigt ist (→ Abbildung auf Seite 89 links, hinter und rechts von Paul Klee).

Stellwand: → Worterklärung Seite 76.

Stil: kann dreierlei bedeuten: 1. eine Eigenart oder Grundhaltung einer bestimmten Künstlerpersönlichkeit, die aus seinen Kunstwerken herauszulesen ist; 2. die Merkmale von Kunstwerken einer bestimmten Schaffenszeit eines Künstlers; 3. die Gemeinsamkeiten von Künstlern einer Stadt, einer Region oder einer Nation. (Die charakteristischen Merkmale von Kunstwerken einer Zeit, die verschiedene Künstler in verschiedenen Ländern geschaffen haben, heißt **Zeitstil** oder **Epochenstil**.)

Surrealismus: stammt ab vom spätlateinischen Wort «realis» = dinglich, sachlich und dem französischen Wort «sur» = über; meint allgemein (im Gegensatz zu → *Realismus* und → *Naturalismus*) eine Kunst, die über dem Realen, dem Wirklichkeitsnahen steht, eine traumhaft-unwirkliche Kunst. Als Stilrichtung (→ *Stil*) bezeichnet der Surrealismus eine der wichtigen internationalen Bewegungen der zeitgenössischen → *bildenden Kunst* und Literatur in der Nachfolge vom → *Dadaismus*, die 1920 in Paris aufkam. Die **Surrealisten** suchten das Unterbewußte und Traumhafte anschaulich zu machen und mit der Welt der realen Erscheinungen in einer Überwirklichkeit (dem Surrealen) zu vereinen.

Tafelbild: oft anderer Ausdruck für → *Gemälde*, im engeren Sinn eine → *Malerei* auf einen starren → *Bildträger* (Holz, Kupfer, Stein). Im Gegensatz dazu stehen die ortsfesten Malereien in Höhlen (**Höhlenmalerei**), an Felsen (**Felsmalerei**) und auf Wänden (→ *Wandmalerei*).

Temperafarbe, auch **Tempera**: Besteht aus Farbteilchen (→ *Pigmente)* aus Metallen, Mineralien und Erden, die mit den → *Bindemitteln* Leinöl, Harz oder Wachs und Eigelb oder → *Kasein* gebunden sind. **Öl-, Ei-** oder **Kaseintempera** ist im trockenen Zustand matt und deckend.

Terpentinöl: ein ätherisches Öl, das aus dem destillierten Sekret von Nadelbäumen gewonnen wird, eignet sich als Verdünnungsmittel für Ölfarbe.

Tinte: besteht aus einem in Wasser gelösten Farbstoff, eignet sich zum Schreiben und Zeichnen. Im Gegensatz zur → *Tusche* bleibt sie auch nach dem Trocknen wasserlöslich. Tinte bleicht, dem Licht ausgesetzt, schnell aus; nicht so die Tusche.

Tusche: schwarze Tusche besteht aus feinstem Lampen- oder Gasruß, der in → *Gummiarabikum* oder Leimwasser (→ *Bindemittel*) gelöst ist. Weil sie eine große Menge an Bindemittel enthält, glänzt sie im Gegensatz zur → *Tinte* im trockenen Zustand leicht. Sie ist nach dem Trocknen im Gegensatz zur Tinte wasserunlöslich und die → *Tuschezeichnung* kann daher mit → *Wasserfarben* übermalt werden.

Tuschezeichnung, Tuschmalerei: ursprünglich (seit dem 7. Jahrhundert) ein Zweig der ostasiatischen Malerei. Heute verwenden auch europäische Künstler Tusche als Malmittel oder → *Zeichenmittel*. Wie bei der → *Aquarellmalerei* sind Korrekturen kaum möglich, da → *Tusche* schnell trocknet.

Verdünnungsmittel: → *Lösungsmittel*, → *Malmittel*, beeinflußt Flüssigkeitsgrad, Trocknungszeit, Haftung und Streichfähigkeit einer Farbe.

Vernissage: → Worterklärung auf Seite 82.

Vorzeichnung: Viele Künstler entwerfen Formen, Figuren, Aufbau eines Bildes in einer Vorzeichnung, die meist detailliert (mehr als die → *Skizze*) ausgeführt ist. Sie benutzen sie als Vorlage oder Kopieren sie direkt, wie Paul Klee für seine → *Ölfarbezeichnung*.

Wachskreide, auch **Wachsmalstift**: Das Farbpulver (→ *Pigment*) ist mit Wachs gebunden und zu einem Stift gepreßt. Sie ist fetthaltig und wasserunlöslich.

Wanderausstellung: eine Ausstellung, die nacheinander in zwei oder mehr Museen gezeigt wird.

Wandmalerei: → *Malerei* auf Wänden, Gewölben und Decken (**Deckenmalerei**), teilt sich, nach der Technik, auf in: **Frescomalerei** (gemalt wird auf noch feuchten Putz) und **Seccomalerei** (gemalt wird auf trockenen Putz). Eine Sonderform der Wandgestaltung ist das → *Mosaik*.

Wasserfarben: Sammelbegriff für Farben (→ *Aquarellfarben*, → *Deckfarben*), die in wasserlöslichen → *Bindemitteln* (→ *Gummiarabikum*) gelöst sind.

Wechselrahmen: → Worterklärung auf Seite 81.

Werkkatalog: → Worterklärung auf Seite 84.

wissenschaftlicher Museumsmitarbeiter: im Gegensatz zum administrativen Personal, wie in der Buchhaltung, ein Angestellter eines Museums, der sich direkt mit den Kunstwerken des Museums befaßt und etwa ein Inventar erstellt, Ausstellungen veranstaltet und Bücher schreibt.

Zeichenmittel: allgemeine Bezeichnung für das Material, mit dem gezeichnet wird, wie Bleistift, → *Kohle*, → *Fettkreide*, → *Pastellkreide*, → *Tinte*, → *Tusche*.

Zeichenstil: → *Stil*.

Zeichnung: eine Formgestaltung in der Fläche vor allem mit Linien. Unterschieden wird die als selbständiges Kunstwerk geltende **Handzeichnung** von der **Studie**, der → *Skizze*, dem **Entwurf**, der → *Vorzeichnung*. Als Zeichenfläche dient meist Papier, als → *Zeichenmittel* verwendet werden Bleistift, → *Kohle*, → *Fettkreide*, → *Pastellkreide*, → *Tinte*, → *Tusche*. Die Zeichnungen und → *farbigen Blätter* von Paul Klee sind größtenteils selbständige Kunstwerke, also der Handzeichnung zuzurechnen.

Namentlich erwähnte Künstler

Anker, Albert (*1831-†1910): Berner Maler, malte sehr naturgetreu und leicht idealisierend Szenen des ländlichen Lebens und Bildnisse von Menschen der ländlichen Bevölkerung. Er gilt in der Schweiz als der beliebteste Maler.

Cézanne, Paul (*1839-†1906): französischer Maler, gestaltete als erster die Gegenstände und den Raum (Stilleben, Landschaften und Figuren) ohne Umrißlinien ganz aus überlagerten, durchscheinenden Farbflächen. Ein Leitmotiv seiner Malerei war der «Mont Ste. Victoire», ein Berg in Südfrankreich. Cézanne gilt als einer der wichtigsten Bahnbrecher der neueren Malerei.

Feininger, Lyonel (*1871-†1956): amerikanischer Maler, malte vor allem Stadtansichten und Landschaften in einer dem → *Kubismus* verwandten Art. Unterrichtete am → *Bauhaus* von 1919 bis 1933.

Hodler, Ferdinand (*1853-†1918): Schweizer Maler und Zeichner, gestaltete **Sinnbilder**, **Historiengemälde** (zur Schweizer Geschichte) und leistete einen wichtigen Beitrag zur Landschaftsmalerei. Er gilt als der bedeutendste Schweizer Maler des 19. Jahrhunderts.

Itten, Johannes (*1888-†1967): Schweizer Maler, Grafiker, → *Kunsttheoretiker*, → *Kunsterzieher*, lehrte von 1919 bis 1923 am → *Bauhaus* allgemeine Gestaltungslehre.

Kandinsky, Wassily (*1866-†1944): russischer Maler und → *Kunsttheoretiker*, malte 1910 als erster ein abstraktes (→ *Abstraktion*), ungegenständliches → *Aquarell*. Er unterrichtete von 1922 bis 1933 am → *Bauhaus* in Weimar, Dessau und Berlin. Kandinsky gilt als einer der bedeutendsten Künstler des 20. Jahrhunderts.

Moholy-Nagy, Laszlo (*1895-†1946): ungarischer Maler, → *Plastiker* und → *Kunsttheoretiker*, lehrte von 1923 bis 1928 am → *Bauhaus*.

Schlemmer, Oskar (*1888-†1943): deutscher Maler und **Grafiker**, leitete von 1920 bis 1929 am → *Bauhaus* in Weimar und Dessau die Bühnenwerkstatt. Hauptthema seiner → *Malerei* und → *Zeichnung* ist die Figur im Raum, die er als abstrakt geometrische Form gestaltet.

Literatur von und über Paul Klee

Zum Gebrauch dieser Literaturhinweise:
- Die Hinweise auf weiterführende Literatur sind nach den Kapiteln dieses Buches geordnet.
- *Schräg gesetzt* sind die Umschreibungen der Buchinhalte.

Ein Bild, viele Meinungen

Hoppe-Sailer, Richard: Paul Klee. Ad Parnassum, Frankfurt am Main: Insel Taschenbuch, 1993. *Werkmonografie; Deutung des Gemäldes* Ad Parnassum *von 1932, mit vielen vergleichenden Bildbeispielen.*

Kersten, Wolfgang: Paul Klee. Übermut. Allegorie der künstlerischen Existenz. Kunststück. Frankfurt am Main: Fischer Taschenbuch Verlag, 1990. *Werkmonografie; historisch-kritische Deutung des Gemäldes* Übermut *von 1939, mit vielen vergleichenden Bildbeispielen.*

Park bei Lu –
eine Bildbetrachtung zum Mitmachen

Erziehungsdirektion des Kantons Bern/Zentralstelle für Lehrerfortbildung: Paul Klee. Materialien für den Unterricht: Unterrichtsanregungen und -beispiele zu fünf Werken. Bearbeitet von der Projektgruppe Kunstbetrachtung. Leitung: Katharina Bütikofer. Mit Beiträgen von Catherine Baer, Marianne Baumann, Doris Biedermann, und weiteren. Köniz, 1987. *Unterrichtsmaterial; eingehende Besprechung der fünf Gemälde* Übermut *von 1939,* Fisch-Leute *von 1927,* Meerschnecken-König *von 1933,* Paukenspieler *von 1940 und* Flora am Felsen *von 1940, nach den Altersstufen: Kindergarten, Unter-, Mittel- und Oberstufe unterteilt.*

von Tavel, Hans Christoph: Wege zur Kunst im Kunstmuseum Bern. Der Bund Taschenbücher, Band 3. Bern: Verlag Der Bund, 1983. *Einzelwerk-Besprechung; kurzgefaßte, verständliche Deutung des Gemäldes* Park bei Lu.

Kunst für Kinder. Eine Entdeckungsreise durch das Wallraf-Richartz-Museum und das Museum Ludwig. Herausgegeben von den «Freunden des Wallraf-Richartz-Museums und Museums Ludwig e. V.» in Zusammenarbeit mit dem Museumsdienst Köln. Köln: Wienand Verlag, 1991. *Einzelwerk-Besprechung; inhaltliche Deutung des Gemäldes* Narr in Trance *von 1929 und Anleitung zur Erkundung der Komposition durch eigenes Malen und* Zeichnen, für Jugendliche der Unter- und Mittelstufe.

Von nahe betrachtet –
Mal- und Zeichenverfahren

Geelhaar, Christian: Reise ins Land der besseren Erkenntnis. Klee-Zeichnungen. DuMont Dokumente Graphik. Köln: DuMont Schauberg, 1981. *Darstellung der Arbeitsweise des Zeichners Paul Klee und ein konzentrierter Querschnitt durch sein vielfältiges zeichnerisches Werk anhand ausgewählter Bildbeispiele.*

Die Geschichte eines Bildes

Klee, Paul: Kunst-Lehre. Aufsätze, Vorträge, Rezensionen und Beiträge zur bildnerischen Formlehre. Reclam-Bibliothek, Band 1064. Leipzig: Verlag Philipp Reclam jun., 1991. *Vereint als einziges Buch im Taschenbuchformat die wichtigsten kunsttheoretischen Schriften von Paul Klee, einschließlich seiner Unterrichtsnotizen vom Bauhaus in Weimar «Beiträge zur bildnerischen Formlehre» (Faksimile des Manuskripts und Transkription)*

Rave, Paul Ortwin: Kunstdiktatur im Dritten Reich. Herausgegeben von Uwe M. Schneede. Berlin: Argon Verlag, 1987. *Umfassende Darstellung der 12 Jahre dauernden, deutschen Kulturdiktatur der Nationalsozialisten; mit wenigen historischen Fotos illustriert.*

Wick, Rainer: Paul Klee (1879-1940), in: Rainer Wick: Bauhaus Pädagogik. DuMont Dokumente Pädagogik. Köln: DuMont Buchverlag, 1982, Seiten 216-248. *Konzentrierte Darstellung von Paul Klees Bildproduktion zur Bauhaus-Zeit (1921-1931) und Überblick über seinen Unterricht am Bauhaus; mit vielen Bildbeispielen illustriert.*

Bilder aus dem Leben von Paul Klee,
Paul Klee auf Reisen

Geelhaar, Christian: Paul Klee. Leben und Werk. DuMont Kunst-Taschenbücher. Köln: DuMont Buchverlag, 1977. *Klee-Monografie; allgemein verständliche, konzentrierte Darstellung von Leben und Werk Paul Klees anhand ausgewählter Bildbeispiele.*

Giedion-Welcker, Carola: Paul Klee in Selbstzeugnissen und Bilddokumenten. Rowohlt Monografien. Reinbek bei Hamburg: Rowohlt Taschenbuch Verlag, 1989. *Klee-Monografie; in manchen Teilen etwas veraltete, aber immer* noch lesenswerte Darstellung von Leben und Werk Paul Klees, mit biografischen Fotografien und Bildern illustriert.

Tagebücher von Paul Klee. 1898-1918. Herausgegeben und eingeleitet von Felix Klee. DuMont-Dokumente. Köln: DuMont Buchverlag, 1968. *Tagebuch; die wichtigste Aufzeichnung über das Leben und die künstlerische Entwicklung von Paul Klee bis 1918, eine Selbstdarstellung des Künstlers.*

Lexikon wichtiger Fachbegriffe

Jahn, Johannes/Wolfgang Haubenreisser: Wörterbuch der Kunst. Kröners Taschenausgabe Band 165. Stuttgart: Alfred Kröner Verlag, 1989. *Lexikon; wissenschaftlich-präzise Erklärung von über 3000 Fachbegriffen der bildenden Kunst und der wichtigsten bildenden Künstler von der Steinzeit bis zur Gegenwart; mit wenigen gezeichneten Illustrationen.*

Schüler-Duden. Die Kunst. Herausgegeben von der Redaktion für Kunst des Bibliographischen Instituts unter der Leitung von Gerhard Kwiatkowski. Mannhein/Wien/Zürich: Dudenverlag, 1989. *Lexikon; ausführliche, allgemein verständliche Erklärung von 3000 Fachbegriffen der bildenden Kunst von der Antike bis zur Gegenwart; mit gezeichneten und fotografischen Illustrationen.*

Thomas, Karin: DuMont's kleines Sachwörterbuch zur Kunst des 20. Jahrhunderts. Von Anti-Kunst bis Zero. Köln: DuMont Buchverlag, 1989. *Lexikon; Erklärung von über 220 Fachbegriffen der bildenden Kunst des 20. Jahrhunderts, am ausführlichsten zu Kunstrichtungen und Künstlergruppen; mit vielen fotografischen Illustrationen.*

Winzer, Fritz: Das rororo Künstler Lexikon. Maler, Bildhauer, Baumeister und Graphiker von der Antike bis zur Gegenwart. rororo Handbuch. 2 Bände. Reinbek bei Hamburg: Rowohlt Taschenbuch Verlag, 1985. *Lexikon; verständliche Einführung in das Werk der wichtigsten Künstler; mit wenigen Bildbeispielen.*

Winzer, Fritz: Das rororo Sachlexikon der Bildenden Künste. 2 Bände. rororo Handbuch. Reinbek bei Hamburg: Rowohlt Taschenbuch Verlag, 1986. *Lexikon; ausführliche, allgemein verständliche Erklärung von 1150 Fachbegriffen der bildenden Kunst von der Antike bis zur Kunst der Gegenwart; mit vielen gezeichneten und fotografischen Illustrationen.*

Bildnachweis mit Standortangabe der Werke

Zum Gebrauch des Bildnachweises:
- Der Standort der Werke von Paul Klee ist unter «Werke von Paul Klee» in Klammern vermerkt.
- Die Standortangabe «Kunstmuseum Bern / Paul-Klee-Stiftung, Bern» erscheint in der Abkürzung «KMB / PKS».

Fotos

Bildarchiv Felix Klee, Bern: 19 u. r., 28, 38, 54, 89, 90 (1, 5), 91, (1-6), 92 (1-6), 93 (7-10, 12), 94 (1, 2, 4, 5), 95 (1-6), 100 o., 101 o., 102 o., 103 l., 104 o., 105 o., 111 M. r., 114 l.

Deutsches Museum, München: 56

Hahnloser, Bernhard, Bern: 114 r.

Norton Simon Museum of Art, Pasadena: 93 (11), 94 (3)

Nyffenegger, Jürg W., Langenthal: 106 o.

Paul-Klee-Stiftung, Bern: 65

Staatliche Galerie Moritzburg, Halle: 63

Staatliche Museen zu Berlin, National-Galerie, Berlin: 61 u.

Stucki, Heinrich, Tschugg: Umschlagseite, 10 u., 25, 30, 31, 32 u. l., 37, 39 o., 40, 43 u., 47 u. l., 48 u. r., 49 u. l., 50 u. r., 69, 71, 73, 74, 75, 76, 77, 78, 79, 80, 81, 82, 85, 86, 110 o. r.

Cartoons

Anonym: 67
Hürzeler, Peter: 109

Ungedruckte Quelle

Kunstmuseum Bern, Bern: 39 u.

Gedruckte Quellen

Alcántara, Ricardo (Rigo): La Planète Klee. Une fantaisie avec Paul Klee. Collection la Petite Gallerie. Grenoble: Éditions Glénat, 1991, ohne Pagina: 112 o. r.

Art Deck, The Game of Modern Masters: Impressionism to Surrealism. Aristoplay Ltd, Ann Arbor: 113

Blossfeldt, Karl: Photographien. Mit einem Text von Gert Mattenklott. Herausgegeben von Ann und Jürgen Wilde. Schirmer's visuelle Bibliothek 23. München: Schirmer-Mosel, 1991, Tafel 1: 33

Düsseldorfer Kunstszene 1933-1945. Ausstellungskatalog Stadtmuseum Düsseldorf, 22.10.1987-03.01.1988, Seite 40-41: 94 (6)

Kertész, André. Das Fotografen-Porträt. Einführung von Ben Lifson. Luzern: Reich Verlag, 1982, Seite 91: 26

Schokoladefabrik Frey (Migros-Genossenschafts-Bund), Zürich: 112 u.r.

Schweizerische Postbetriebe PTT, Bern: 111 o. l.

Schweizerischer Tierschutz, Basel (Herausgeber), Illustration: ASM, Atelier Huber, Steinegger, Pfäffli, Luzern: 111 u. l.,

Tages Anzeiger Magazin, Nr. 26. Zürich: Tages Anzeiger, 27. Juni 1987, Seite 35: 110 u.

Wingler, Hans M.: Das Bauhaus. Bramsche: Verlag Gebr. Rasch & Co., 1975, Seite 53: 57

Werke von Paul Klee

Ad Parnassum: 7 (Kunstmuseum Bern, Bern)

Am Forellenbach: 13 o. (unbekannter Standort)

Ausgang der Menagerie: 18 u. (Privatbesitz, Bern)

Beiträge zur Bildnerischen Formlehre: 58 (KMB / PKS, Bern)

«Bimbo»: 19 o. (Familiensammlung, Bern)

Blühendes: 112 u. l. (Kunstmuseum Winterthur, Winterthur)

Calvi (phantastisch): 106 u. (KMB / PKS, Bern)

Calvi und der Golf: 108 o. (unbekannter Standort)

Calvi und Umgebung: 107 u. (Privatbesitz, Hamburg)

Der Häuserbaum: 112 o. l. (Norton Simon Museum of Art, Pasadena)

Der Künftige: 49 o. (KMB / PKS, Bern)

Der Seiltänzer: 46 o. M. (KMB / PKS, Bern)

Die Südküste von Port Cros, darüber Porquerolles: 103 r. (Familiensammlung, Bern)

Die Zwitscher-Maschine: 53 (Museum of Modern Art, New York)

Ein Garten für Orpheus: 48 o. (KMB / PKS, Bern)

Ein Tier bald wieder heiter: 18 o. (KMB / PKS, Bern)

Elba (hoch über Porto Lognone): 101 u. (Familiensammlung, Bern)

Elefant: 17 u. (KMB / PKS, Bern)

Fabeltier: 21 o. (KMB / PKS, Bern)

Festung Calvi: 107 o. (Guggenheim Museum, New York)

Feuer-Quelle: 34 u. (Privatbesitz, Bern)

Fisch-Leute: 14 o. (KMB / PKS, Bern)

Fischzauber: 15 u. (Philadelphia Museum of Art, Philadelphia)

Gabelungen und Schnecke: 29 M. r. (Familiensammlung, Bern)

Gebirge im Winter: 47 o. (Kunstmuseum Bern / Hermann-und-Margrit-Rupf-Stiftung, Bern)

«Grundriß des Zimmers von Paul Klee am Obstbergweg»: 90 (3) (KMB / PKS, Bern)

Heroische Rosen: 111 o. r. (Kunstsammlung Nordrhein-Westfalen, Düsseldorf)

Katze und Vogel: 111 u. r. (Museum of Modern Art, New York)

Konzert auf dem Zweig: 55 (KMB / PKS, Bern)

Landschaft mit Agaven: 105 u. (Von der Heydt-Museum, Wuppertal)

Landschaft mit gelben Vögeln: 12 u. (Privatbesitz, Basel)

Legende vom Nil: 50 o. (Kunstmuseum Bern / Hermann-und-Margrit-Rupf-Stiftung, Bern)

Meerschnecken-König: 14 u. (KMB / PKS, Bern)

Meine Bude: 90 (2) (KMB / PKS, Bern)

Mit dem braunen Δ: 17 o. (unbekannter Standort)

Monolog des Kätzchens: 19 u. l. (Familiensammlung, Bern)

«Muscheln»: 21 u. (Familiensammlung, Bern)

Œuvre-Katalog (Ausschnitt): 61 o. (KMB / PKS, Bern)

«Osterhase»: 20 (Familiensammlung, Bern)

Östlich-süss: 35 (unbekannter Standort)

Park bei Lu: 27 (KMB / PKS, Bern)

Polyphon-gefasstes Weiss: 110 o. l. (KMB / PKS, Bern)

Portoferraio: 102 u. (unbekannter Standort)

«Porträt der Mutter»: 90 (4) (KMB / PKS, Bern)

Schlangenbeute: 16 M. (Museum of Fine Arts, Boston)

Schnecke: 22 o. (KMB / PKS, Bern)

Schneckenpost: 22 u. (unbekannter Standort)

Seelandschaft mit dem Himmelskörper: 45 o. (KMB / PKS, Bern)

Seiltänzer: 46 o. r. (KMB / PKS, Bern)

Seite aus dem Schulheft «Analytische Geometrie»: 90 (6) (Familiensammlung, Bern)

St. Petersinsel: 41 o. (KMB / PKS, Bern)

Stadt Sa ...: 108 u. (unbekannter Standort)

Strasse in Tunis: 100 u. (unbekannter Standort)

Südküste Porquerolles: 104 u. (Guggenheim Museum, New York)

Tierpflegerin: 16 o. (KMB / PKS, Bern)

Tukan (Pfefferfresser): 11 (Familiensammlung, Bern)

Und noch ein Kamuff: 16 u. (Privatbesitz, Kanada)

Unterwasser-Garten: 15 o. (unbekannter Standort)

Vogel Pep: 12 o. (unbekannter Standort)

Vor den Toren von Kairouan: 42 (KMB / PKS, Bern)

Vorhaben: Umschlag außen vorn, 34 o., 51 o. (KMB / PKS, Bern)

Wasser-Vogel: 13 u. (Privatbesitz, Chicago)